Jörg Heinrich
Keks oder Colt

Jörg Heinrich

KEKS ODER COLT
WAS EINEN WIRKLICH UMBRINGT

Mit Illustrationen
von Oliver Weiss

INHALT

VORWORT

Mit dem Sterben ist es wie mit der sommerlichen Mückenplage, dem Heuschnupfen, den Politikern oder dem Bandscheibenvorfall – es ist ebenso unbeliebt wie weit verbreitet. Über 800 000 Menschen sterben in Deutschland jedes Jahr, meist gegen ihren Willen. Und wer seine Abreise ins Jenseits möglichst lange hinauszögern will, braucht vor allem eines: Informationen! Wo lauert der Tod, wo ist die Gefahr besonders groß, unverhofft in die Fänge des Sensenmannes zu geraten? Wo lebt sich's erstaunlich sicher? Und wie gefährlich sind Bergsteigen, Kreuzfahrten, Begegnungen mit Krokodilen oder außerehelicher Sex tatsächlich? Was bringt uns wirklich um?

Dieses Buch vergleicht Todesarten und liefert mit freundlicher Unterstützung des Statistischen Bundesamtes die Fakten rund ums Leben, rund ums Sterben. Es warnt vor mörderischen Fischstäbchen und tödlichen Pudeln, vor Kindergeburtstagen und dem Arbeiten, vor dem Schminken am Steuer und vor verheerender Volksmusik. Und vor allem bietet es Rat und Tat für alle, die am Leben hängen.

Wer es liest, stirbt in aller Regel später. Denn hier erfahren Sie, warum Sie sich vor dem Brösel des Bösen hüten müssen – die tödliche Gefahr des Essens von Keksen wird immer noch unterschätzt! Dieses Buch verrät, warum der Besuch im Mordsee-Restaurant gefährlicher ist als der Verzehr von japanischem Kugelfisch, warum Sie eher in der Killer-Badewanne sterben als auf dem ZDF-Traumschiff, warum mehr Menschen von nordischen Stühlen fallen als vom bayerischen Bergmonster Watzmann und warum Bad Tölz als gefährlichste Stadt der Welt unmittelbar vor der endgültigen Entvölkerung steht. Bleiben Sie Tölz fern, auch wegen der dort vorherrschenden Volksmusik!

Außerdem bietet das Buch praktische Entscheidungshilfen für den Alltag. Was bringt eher den Tod: Rauchen oder Saufen? Fallschirmspringen oder Pinkeln auf elektrische Weidezäune? Heiraten oder Singlebleiben? Fahrradfahren oder Fliegen? Ärzte oder Terroristen? Und, wichtige Frage gerade für junge Menschen: Sollte man eher eine Karriere als Papst oder als US-Präsident anstreben? Hier lautet die überraschende Antwort: Werden Sie Papst – aber noch besser Bundeskanzler! Denn Kanzler und Kanzlerinnen haben beinahe das ewige Leben, was man je nach parteipolitischer Präferenz begrüßen mag oder auch nicht.

Mit Hilfe von »Keks oder Colt« können Sie vielen Todesfallen ausweichen – nur einer nicht: Falls Sie ein Mann sind, führt kein Weg daran vorbei, dass Sie dem Grab weitaus näher sind, als Sie denken. Denn der Mann hat sich im Rahmen seiner Evolution auf unnatürliche Todesarten wie das Fallen von Bäumen, das Eingequetschtwerden in Aufzugtüren oder die Selbstvergiftung durch das Grillen von zypriotischem Schweinefilet spezialisiert. Der Mann, er ist die Eintagsfliege unter den Geschlechtern.

Somit bleibt als Fazit: In der Regel lässt sich das Sterben, dieser Bandscheibenvorfall des Lebens, zwar nicht komplett vermeiden, aber doch bedeutend hinauszögern. Sie sollten allerdings darauf achten, dass Sie nicht auf einen Baum klettern, dort oben seelenruhig Kekse knabbern und Musik von Hansi Hinterseer hören. Denn dann tendiert Ihre Überlebenschance rein statistisch gegen null. Vor allem, wenn Sie ein Mann sind.

WARUM DIE KOKOSNUSS GEFÄHRLICHER IST ALS DER HAI

Das generelle Image der Kokosnuss ist erstklassig und konnte auch durch gelegentliche kokosnusskritische Filme wie »Meuterei auf der Bounty« nicht getrübt werden. Wer an die Kokosnuss denkt, denkt an karibische Traumstrände, an süffige »Batida de Coco«-Cocktails, an die wunderbare Coco Chanel – aber keinesfalls an Tod und Verwesung. Bei diesen gruseligen Themen haben die Menschen eher den Weißen Hai im Sinn, den blutrauschigen Monsterfisch aus dem Spielberg-Film. Doch mittlerweile weiß man: Der wahre Mörder ist die Kokosnuss, der Weiße Hai aus dem Obstregal!

150 Menschen werden jedes Jahr von herabstürzenden Kokosnüssen erschlagen, wohingegen nur rund vier Leute versehentlich vom Weißen Hai aufgefressen werden, der eigentlich nur spielen will. Er meint es nicht böse, im Gegensatz zur Kokosnuss, die regungslos wie ein islamistischer Schläfer an ihrer Palme hängt und sich hinterlistig als Nuss tarnt (in Wahrheit ist sie eine einsame Steinfrucht) – bis unter ihr ein Urlauber sein Badetuch ausbreitet. Dann stürzt sich das kiloschwere Monster aus bis zu 30 Metern mit einer Geschwindigkeit von 80 km/h (auch innerorts!) auf sein Opfer – das, bis ins Mark getroffen, meist unmittelbar verstirbt.

Der Weiße Hai ist lediglich 60 km/h langsam und warnt, bevor er tötet. Als Drohgebärden gelten Schlagen mit dem Schwanz auf die Wasseroberfläche und Vorschieben der Kiefer. Die Kokospalme warnt nicht. Kein Schlagen mit den Blättern aufs Handtuch, kein Vorschieben der Rinde. Sie mordet ohne Ankündigung. Der Weiße Hai ist neugierig, die Kokosnuss ist nur gierig. Auf Urlauberblut.

Spielberg muss dringend einen neuen Schocker drehen: »Das braune Ei«. Untertitel: »Mein Feind, der Baum«.

WARUM STÜHLE NIEDRIGER SIND ALS DER WATZMANN, ABER BEDROHLICHER

Jeden Bergtouristen gruselt es wohlig, wenn er vor der Ost-wand des Watzmanns in den Berchtesgadener Alpen steht. Vor dem 2713 Meter hohen Schicksalsberg, der Menschen so gierig ver-schlingt wie der Adipöse die Buttercremetorte. Im Juli 2010 hat das bajuwarische Bergmonster ein besonders grausiges Dienstjubiläum gefeiert: Der steinige Menschenfresser meuchelte den 100. Berg-sportler seit der Erstbesteigung der Mordwand 1881. Einheimische wollen ein zufriedenes Rülpsen vernommen haben, mit dem der Watzmann seine Jubiläumsmahlzeit abschloss, bevor er sich darauf konzentrierte, in stoischer Regungslosigkeit seinem 101. Opfer auf-zulauern.

Aber: Dem Berg ist Abbitte zu leisten. Denn der Watzmann mag grausam sein – doch der Gustafsson ist grausamer. Ebenso wie seine Kollegen aus den skandinavischen Schreinereien des Todes, der Ole, der Skratta, der Häxa und der Björnborg (wahre Namen sind der Redaktion bekannt). Ihre Bezeichnungen mögen nordisch-harmlos klingen – doch sie alle bringen Elend, Leid und Verwesung. 16 Männer und 19 Frauen sind in Deutschland laut Statistischem Bundesamt allein 2009 zu Hause beim Besteigen eines Stuhls von selbigem gefallen und anschließend verstorben. 35 Menschenleben in nur einem Jahr – die Watzmann-Ostwand bringt es dagegen nur auf spärliche 0,77 Opfer pro Jahr. Die wahren Todesberge lauern in unseren Wohnzimmern, in 97 Zentimetern über Teppichhöhe.

So hinterhältig hoch hat beispielsweise ein Hersteller die Sitz-fläche seines Stuhls Trollflöjten angebracht – ein Stuhl, finster wie die Nacht, schwarz wie der Tod. Man weiß nicht, warum so viele

Menschen ihren letzten, pardon, Stuhl-Gang, der sie über die Ost-
oder Westflanke auf den Trollflöjten treibt, mit tödlichem Sturz be-
enden. Liegt es am Luftdruck in der Höhe? Am fehlenden Sauer-
stoffgerät, auf das viele leichtsinnigerweise immer noch verzichten,
wenn sie auf Stühle steigen? Oder existiert er doch, der Stuhl-Yeti,
der in der Höhe lauert? Das nordische Einrichtungshaus kennt jedenfalls kein Mitleid und verkauft den Trollflöjten auch als Barho-
cker mit einer Sitzhöhe von 102 Zentimetern. Dadurch lässt er seinem Erst- oder auch Zweitbesteiger praktisch keine Überlebenschance. Und fürs junge Sterben gibt es den Kinderstuhl Lönneberga.

Wie harmlos wirkt im Vergleich der Watzmann, 2713 Meter
hoch, 0,77 Opfer pro Jahr (nicht von ungefähr steckt im Wörtchen
»Vergleich« die »Leich« schon drin). Um auf die Todesrate von
Trollflöjten oder Björnborg zu kommen, müsste der Schicksalsberg
123,3 Kilometer hoch sein, rein rechnerisch. Der Schicksalsstuhl
Trollflöjten braucht nur 97 Zentimeter für die gleiche Opferbilanz.
»Nachwachsendes Rohmaterial Holz«, so wird dieser nachtschwarze
Sarg auf vier Beinen beworben. Nur der Mensch, der vom Trollflöj-
ten stürzt, der wächst nicht nach.

WARUM VOLKSMUSIK MEHR OPFER FORDERT ALS GEWITTER

Der Blitz als Todesursache hat seit dem 19. Jahrhundert in Deutschland stark an Popularität eingebüßt. Damals, in seinen besten Zeiten, starben an die 300 Menschen pro Jahr an einem Blitzschlag, weil der Bulldog noch nicht erfunden war, mit dem der Bauer bei einem Gewitter die Flucht ergreifen konnte. Petrus hat damals immer auf die Erde geschaut, hat sich zufrieden die Hände gerieben, »wunderbar, der Bulldog ist ja immer noch nicht erfunden«, und rund einen Bauern täglich mit einem Blitz erschlagen, außer sonntags. Heute reicht es gerade noch zu mageren sieben Blitztoten im Jahr. Heute sterben die Leute gern durch eine andere Naturgewalt, durch den Lärm. Zehntausende Menschen kommen laut Weltgesundheitsorganisation WHO jedes Jahr durch Lärm ums Leben. Die meisten davon durch volkstümliche Musik. Was früher der Blitz war, sind heute Hansi Hinterseer, Stefan Mross oder Florian Silbereisen.

Das Fiese ist ja: Vor dem Blitz ist man zu Hause weitgehend sicher. Vor Volksmusikanten nicht. Der Blitz, ein ausgesprochen höflicher Gesell, kündigt sich langfristig an, durch Cumuluswolken, durch rheumatisch ziehende Operationsnarben oder durch Vögel, deren Gesang urplötzlich verstummt. So ein Musikus kündigt sich nicht an, bevor er Ihnen das Trommelfell über die Ohren zieht. Und es verstummt kein Gesang, ganz im Gegenteil. Sie schalten ohne Argwohn das Fernsehgerät ein, und keine Sekunde später ist der Lärmtod mitten in Ihrem Wohnzimmer, präsentiert von Carolin Reiber oder von der Carmen Nebel des Grauens: ein akustisches Kitzbüheler Kettensägenmassaker, das Ihre Gehirnzellen püriert. 2,354 Millionen Blitze sind 2009 in Deutschland eingeschlagen, aber nur sehr wenige Volksmusikanten. Doch die Folgen sind verheerend.

»Grias Eich, Leitln!«, plärrt beispielsweise der Hansi, singt ohne jede Vorwarnung seine bärigen Schunkel-Schlager wie »I bring di mit dem Schlitten heim« oder »Rück' a bisserl zu mir rüber«. Klar – nach dem Rüberrücken wird es noch lauter, noch fieser, noch tödlicher. Und wer die verheerende Lärmattacke übersteht, wird garantiert beim Heimbringen auf dem Schlitten, der in der freien Tiroler Natur keinerlei Schutz vor dem Gewitter bietet, vom Blitz erschlagen. Der Volksmusikant hat an alles gedacht, lässt den schützenden Bulldog absichtlich im Heustadl stehen, nimmt lieber den Schlitten. Und er weiß sehr genau, dass seine »Liadln« bei lärm- und stressanfälligen Menschen zwangsläufig zu ischämischen Herzkrankheiten führen. Er singt sogar unverfroren darüber: »I schäm mi für nix, mei liabs Haserl.« Bei der volkstümlichen Musik haben wir es mit einer finsteren, todbringenden Naturgewalt zu tun, vor der es kaum ein Entrinnen gibt, nicht einmal im Bulldog.

WARUM SINGLE-MÄNNER KÜRZER LEBEN ALS VERHEIRATETE

Rein statistisch liegen die Überlebenschancen eines Mannes bestürzend niedrig. Derzeit werden Männer in Deutschland durchschnittlich 77,4 Jahre alt – die unzähligen Risikofaktoren einer männlichen Existenz sorgen statistisch nach nur 28 251 Tagen für ein vorzeitiges Ableben. Rauchen kostet laut der US-Risikoberechnung »A catalog of risks« 2263 Tage eines handelsüblichen Männerlebens. 30 Prozent Übergewicht schlägt mit weiteren 1 300 Tagen ins Kontor. Schlechte Schulbildung muss mit 850 Tagen einkalkuliert werden. In der Stadt zu wohnen kostet 256 Tage, im Vergleich zum Landleben. Kriegsdienst in Ländern wie Vietnam oder Afghanistan reduziert die Lebenserwartung durchschnittlich um 417 Tage. Minenarbeiter leben 1168 Tage kürzer. Illegale Drogen kosten 9100 Tage.

Wer nachrechnet, kommt drauf: Ein übergewichtiger rauchender drogensüchtiger Berliner Minenarbeiter mit Hauptschulabschluss und Afghanistan-Vergangenheit verstirbt mit 35. Und dabei ist Saufen noch gar nicht eingerechnet. Die 35 schafft er zudem nur, wenn er verheiratet ist. Denn jetzt kommt's dicke: Das größte Todesrisiko eines Mannes, gleich nach dem Heroin, ist das Singledasein. Unverheiratete Männer verlottern und sterben daher 3500 Tage früher. Ohne Frau bleiben unserem Berliner Freund also keine 26 Jahre. Wenn er gebürtiger Ägypter ist, wird's noch ärger. Denn Ägypter leben 19 Jahre kürzer als Deutsche. Als Ägypter hat unser Mustermann also kaum sieben Jahre Zeit, um drogensüchtig zu werden, das Handwerk des Minenarbeiters zu erlernen und in Afghanistan zu dienen. Wenn der Musterägypter mit knapp sieben Jahren, kurz vor seinem statistischen Ableben, noch hurtig heiratet, wird er 16, auch nicht viel.

Aber auch Heiraten ist keine Lebensversicherung für den Mann. 388 Ehemänner wurden allein 2002 in den USA von ihren Ehefrauen ermordet. Das macht 1,06 tote Ehemänner am Tag. Statistisch mag es sinnvoller sein, zu heiraten und das Restrisiko einzugehen, von der eigenen Ehefrau entleibt zu werden. Doch das traurige Fazit bleibt: Der Mann, er ist die Eintagsfliege unter den Geschlechtern.

WARUM IN BADEWANNEN MEHR MENSCHEN ERTRINKEN ALS AUF DEM TRAUMSCHIFF

Das ZDF-Traumschiff, die MS Deutschland, ist furchteinflö-ßende 175 Meter lang. Wer über Bord geht, stürzt 7,20 Meter in die Tiefe und kommt wahlweise beim Aufprall auf die Wasseroberfläche durch Genickbruch ums Leben, dient wilden Meeresungeheuern als Vorspeise oder ertrinkt langsam und qualvoll. Der Tod durch Er-trinken in Salzwasser gilt als besonders grausig, jede Spaghetti kann davon ein Lied singen. Bereits nach drei Minuten tritt das soge-nannte Schwimmversagen ein, und spätestens nach einer Stunde kommt es zum Exitus, sofern kein hungriger Hai für schnelle Erlö-sung sorgt. Der Fernsehdampfer ist derweil längst musizierend und lampionbehangen am Horizont von dannen getuckert, und die Chefhostess bittet heiter zum Captain's Dinner. Schwund ist immer. Das Kreuzfahrtbusiness, so scheint es, ist ein grausiges, mitleidloses Geschäft.

Eine handelsübliche Badewanne hingegen ist übersichtliche 1,70 Meter lang, ihre Bordwand erstreckt sich gerade mal 46 Zenti-meter in die Tiefe, kaum kniehoch. Sie kommt in Blütenweiß daher und legt in aller Regel nie vom heimischen Hafen ab. Doch mit dem unschuldig erscheinenden Design beweisen die Hersteller blanken Zynismus. Denn die Realität sieht so aus: Es gibt kaum etwas, was so ungefährlich ist wie eine Kreuzfahrt. Bei 50 Millionen Gästen kam es zwischen 2005 und 2009 weltweit nur 41-mal zum Tode nach dem Ausruf »Mann über Bord«. Oder Frau, wer weiß das im ersten Mo-ment schon genau? Die größte Gefahr auf dem Traumschiff geht von den Schlagersängern an Bord aus. Der wahre Tod wartet nicht auf den Ozeanen, sondern in der Wanne.

Allein 2009 kamen in Deutschland 51 Menschen in Badewannen verschiedenster Hersteller ums Leben, rutschten tödlich in ihr aus oder ertranken in nur 140 Litern Wasser, in Modellen mit verheißungsvollen Namen wie »Sundeck«, »Seadream« oder, um den Zynismus auf die Spitze zu treiben, »Happy« – was allenfalls auf die Erben des unglücklichen Badenden zutrifft. Nur ein einziger Badewannenhersteller geht lobenswert offen mit der tödlichen Gefahr im Badezimmer um, mit der finalen Panne in der Wanne, und nennt sein Spitzenmodell »Cassandra«. Wir rufen der gesamten badewannenproduzierenden Industrie zu: Bitte mehr Ehrlichkeit! Wir fordern die Einführung der Rechteckbadewanne »Ewiger Frieden«, ein formschöner weißer Sarg aus Sanitäracryl. Und wir lernen: Kreuzfahrten sind nur gefährlich, wenn sie nach Baden-Baden führen.

WARUM PÄPSTE SCHNELLER STERBEN ALS US-PRÄSIDENTEN UND BUNDES- KANZLER AM LÄNGSTEN LEBEN

Viele junge Menschen, die meisten davon Männer, fragen sich zu Beginn ihrer Berufskarriere: Was will ich werden? US-Präsident oder Papst? Motto: Weißes Haus oder weißer Rauch? Genügen mir die beengten 5100 Quadratmeter des Weißen Hauses, oder sagen mir eher die großzügigen 15 000 Quadratmeter des Petersdoms zu? Wie halte ich es mit den Frauen? Und vor allem: Welcher Job ist gefährlicher, in welcher Position stirbt man früher? Man hängt ja am Leben. Zumindest aus dieser Hinsicht lässt sich eine klare Empfehlung für beruflich orientierungslose junge Menschen abgeben: Werden Sie Papst! Denn Päpste orientieren sich in Sachen Lebenserwartung eher an Jopie Heesters, während US-Präsidenten mehr Richtung James Dean tendieren.

Okay, das mag übertrieben sein. Aber mit 78,4 Jahren haben die letzten 15 Päpste im Durchschnitt ein recht ordentliches Lebensalter erreicht, was auch an der weitgehenden Abwesenheit zänkischer Gattinnen liegen mag. Und das, obwohl die Bilanz durch den im spätjugendlichen Alter von nur 65 Jahren frühvollendeten Johannes Paul I. tüchtig verhagelt wurde. Zum Vergleich: US-Präsidenten sterben, auch dank der höheren Gefahr von Attentaten, 7,1 Jahre früher. Der Schnitt der letzten 15 Amtsinhaber, soweit sie bereits erfolgreich verstorben sind, lag bei nur 71,3. Happy dying, Mister President, happy dying to you!

Aber auch beim Papstberuf besteht ein Problem für Überlebenswillige – er ist brutal mortal! Das merkt man daran, dass es derzeit vier ehemalige US-Präsidenten gibt, überwiegend Mitglieder der bemerkenswert zählebigen Bush-Sippe, aber nicht einen einzigen Ex-Papst. Wenn Sie von einem erfüllten Lebensabend nach der Karriere träumen, mit Enkelkindern auf dem Schoß und gelegentlichen gut honorierten Vortragsreisen – vergessen Sie die Idee mit dem Papstwerden!

Aber es gibt einen Geheimtipp, der die Vorteile des Papstberufs mit dem des US-Präsidenten unter einen Hut bringt: Werden Sie Bundeskanzler! In der Geschichte der Bundesrepublik Deutschland sind bisher überhaupt erst vier Ex-Kanzler verstorben, also nur einer alle gut 15 Jahre, und das durchschnittlich im beinahe biblischen Alter von 83,0 Jahren. Haltbarer und langlebiger geht's kaum! Weitere Vorteile: Auch Frauen steht dieser Berufszweig mittlerweile offen, und auch auf 12 000 Quadratmetern im Berliner Kanzleramt lässt es sich gut aushalten.

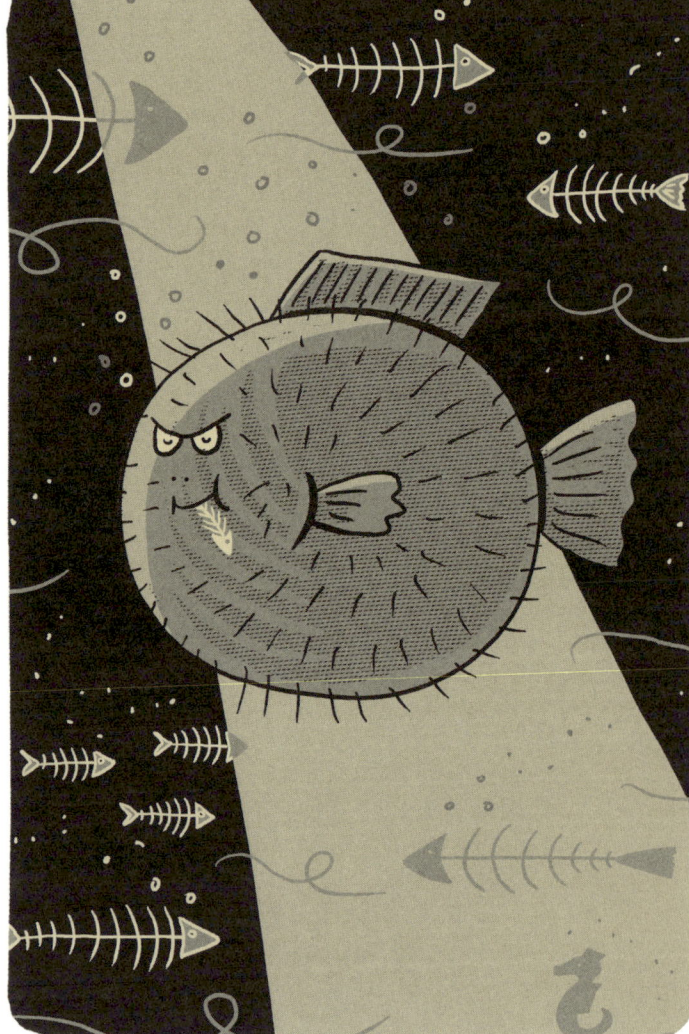

WARUM FISCHSTÄBCHEN TÖDLICHER SIND ALS DER KUGELFISCH

Neben Volksmusikanten und Schlagersängern gilt der Kugelfisch als eine der tödlichsten Bedrohungen der Menschheit. Wer an den Kugelfisch denkt, denkt meist spontan an Gift – und hat den Eindruck: Legionen von Japanern begehen jedes Jahr Fisch-Harakiri und kommen nach dem ultimativen Genuss von Fugu durch eine Lähmung des zentralen Nervensystems zu Tode. Das Schlimme daran ist: Gehirn, Augen und Ohren bleiben bei dieser Art von Vergiftung während des Sterbevorgangs unbeeinträchtigt. Man kann also immer noch sehen und hören, zum Beispiel die Zillertaler Zipfelschwinger, und erstickt bei vollem Bewusstsein. Was für ein grausiger Tod!

Das Dumme an dieser Geschichte ist nur: Sie stimmt nicht, ihr fehlen Hand, Fuß und Gräten. Denn der Fugu, der vermeintliche Fisch-Fiesling, ist heutzutage so harmlos, dass ihn viele schon den Goldhamster der Meere nennen oder auch das Meer-Schweinchen der Ozeane. Die wahre Gefahr für Fischfreunde lauert im Mordsee-Restaurant. Oder beim zweifelhaften Genuss der Produkte von Käpt'n Iglo, Käpt'n Bofrost und Käpt'n Eismann, diesen Fischhändlern des Todes.

Aber der Reihe nach: Der sympathische Kugelfisch, der sich bei Gefahr so putzig aufpumpt, verursacht heutzutage in Japan rund null Todesfälle im Jahr. Es ist nämlich so: Das Tierchen kann sein Gift, das Tetrodotoxin, nicht einmal selbst produzieren – sondern benötigt dafür Bakterien, die es über Krebse, Würmer oder Algen aufnimmt. Und wenn der Kugelfisch bei der Zucht auf eine ausgewogene Diät gesetzt wird, heißt das: nix Algen, nix Bakterien, nix Gift, nix Sterben, nix Zipfelschwinger.

Todbringend dagegen sind das gemeine Fischstäbchen und die Forelle. Und das nicht etwa, wenn der Fisch noch älter ist als die jahrelang sorgsam gehüteten Bestände des gallischen Fischhändlers Verleihnix – sondern wegen der Gräten. Die Zahlen schwanken, aber das Statistische Bundesamt listet allein für 2009 exakt 1347 Todesfälle durch »teilweise nicht näher bezeichnete Fremdkörper in den Atemwegen« auf. Experten gehen davon aus, dass davon rund 800 Opfer ein Rendezvous mit Fischstäbchen hatten. »Auf den Käpt'n ist Verlass«, so heißt es nicht von ungefähr in der Werbung eines Tiefkühlfischdealers. Von ihm gemeuchelte Prominente finden sich dann in Nachrufen des Gesellschaftskolumnisten Michael Graeter wieder, der darüber berichtet, dass auf dem Begräbnis die Grätest Hits der volkstümlichen Musik liefen. Aufschrift auf den Kränzen: »He was the Grätest!«

WARUM DAS SCHMINKEN AM STEUER GEFÄHRLICHER IST ALS DAS VERSCHLUCKEN VON KUGELSCHREIBERKAPPEN

Betreiben Sie, liebe Leserinnen, auch einen rasenden Kosmetiksalon? Wir können Sie nur warnen: Sich am Steuer bei Tempo 185 die Wimpern zu tuschen oder einen Lidstrich zu ziehen ist nicht ganz ungefährlich. Denn mit »Beauty To Go« laufen Sie Gefahr, in Schönheit zu sterben. Auch wenn Sie damit in guter Gesellschaft sind: So hat jede fünfte britische Autofahrerin in einer Umfrage der Versicherungsgesellschaft Diamond zugegeben, beim Fahren bisweilen nicht nur im Getriebe zu rühren, sondern auch im Mascara-Tübchen. 2,7 Millionen Britinnen schminken sich am Steuer – vielleicht gelten die Insulanerinnen ja deshalb nicht gerade als Europas schönste Frauen. Ein schlampiger Lidstrich kann sich bekanntlich verheerend auswirken. Und, beinahe genauso schlimm: Laut Diamond verursachen die Turbo-Tuscherinnen knapp eine halbe Million Unfälle im Jahr. Crash ist fesch!

Die Folgen solcher Zwischenfälle können mehr als nur kosmetisch sein, wie man aus den USA weiß. Die bedauernswerte Motorradfahrerin Anita Z. (56) kam 2009 in Illinois ums Leben, als sie auf ihrer Honda Shadow an einer roten Ampel über den Haufen gefahren wurde – von einer 48-jährigen Krankenschwester, die bei 80 km/h damit beschäftigt war, sich die Nägel zu lackieren, und dabei sowohl Ampel als auch Anita übersah. Die rasende Lackiererin wanderte, sobald ihre Nägel getrocknet waren, für 18 Monate ins Gefängnis, während sich Anitas Sohn Greg seither die Nägel schwarz lackiert, um mit seiner Aktion »Black Nail Brigade« vor dem fatalen Nägellackieren am Steuer zu warnen.

Sympathischerweise nur sich selbst auf dem Altar der Schönheit geopfert hat bereits einige Jahre zuvor Angie J. aus Denver, Colorado, die sich am Steuer die Lippen nachzog, spontan eine Vollbremsung hinlegen musste, ihren Lippenstift verschluckte und den Erstickungstod starb. Wer schön sein will, muss meiden – und zwar Vollbremsungen und Auffahrunfälle. Wir warnen nochmals: Wer sich auf derart spektakuläre Weise vom Leben zum Tode befördern will, sollte dies aus Rücksicht auf andere Verkehrsteilnehmer nicht beim Autofahren tun. Denn es geht ja auch anders: Jedes Jahr sterben – jeder für sich allein – weltweit rund 100 Menschen, die beim Kugelschreiberkauen die Kappe ihres Kulis verschlucken, der sich dann wie ein rostiger Angelhaken im Hals verkeilt und zügig zum Erstickungstod führt. Dies ist eine wunderbare Alternative zum Schminken am Steuer – und im Gegensatz zum Lippenstiftverschlucken auch für Männer immer eine Überlegung wert.

WARUM ÄRZTE MEHR MENSCHEN INS GRAB BRINGEN ALS TERRORISTEN

Alle Welt fürchtet sich vor der Al-Qaida. Doch der wahre Schrecken der Menschheit war nicht der verstorbene Osama bin Laden – sondern er heißt beispielsweise Helmut »bin Heilen«. 40 000 ärztliche Kunstfehler werden jährlich in Deutschland geltend gemacht – die meisten Klagen betreffen chirurgische Eingriffe, bei denen gern mal das falsche Bein amputiert wird. Pfusch am Beckenbau! Laut aktueller Studien sterben in der Bundesrepublik jedes Jahr allein durch Behandlungsfehler in Krankenhäusern 17 000 Menschen. In den USA sind medizinische Irrtümer die achthäufigste Todesursache – die mehr Opfer fordert als Autounfälle, Brustkrebs und Aids zusammen. Dagegen starb 2010 (und auch 2009 und 2008 und die meisten Jahre davor) jeweils exakt kein Mensch in Deutschland durch den internationalen Terrorismus. Und wir lernen: Nur wenn Osama bin Laden an der Uni Abbottabad Medizin studiert hätte, hätten wir uns wirklich vor ihm fürchten müssen.

Merkwürdig ist das ja schon: Die USA hatten ein Kopfgeld von 50 Millionen Dollar auf bin Laden ausgesetzt – beispielsweise für den Vorsitzenden des Berufsverbandes niedergelassener Chirurgen (BNC) gibt es dagegen keinen müden Euro, wenn man ihn auf der Straße antrifft, überwältigt und dem nächsten Streifenbeamten übergibt. Dabei müsste der Mann Milliarden bringen. Auch sind merkwürdigerweise immer noch keinerlei Bundeswehreinsätze am Wulfsdorfer Weg 7 in Hamburg geplant, wo der BNC residiert, den viele nicht von ungefähr bereits die gipsende Al-Qaida nennen. Ärztepfusch statt Hindukusch!

Wie gesund ist doch im Vergleich dazu der internationale Terrorismus – die Opferrate gerade in Deutschland liegt so zuverlässig auf dem Nullpunkt, dass viele Kranke schon eine Kur in Bad Abbottabad beantragen. Wenn Ihr Blinddarm demnächst vor dem Durchbruch steht und Sie vor dem Einschlafen im OP einen Mann mit langem weißen Bart und Turban erkennen, wissen Sie: Es hat sich ein als Mediziner verkleideter Terrorist, eine Art Osama bin Hausarzt, ins Krankenhaus geschlichen, der Sie operieren wird. Sie können beruhigt einschlafen, alles wird gut.

WARUM DIE WAHL ZWISCHEN LEBERZIRRHOSE UND RAUCHERBEIN SO SCHWER FÄLLT

Im Leben eines jeden jungen Menschen gibt es einen Zeitpunkt, an dem er sich entscheiden muss: Fange ich mit dem Rauchen an oder mit dem Saufen? Was ist zu präferieren, ein Raucherbein oder eine Leberzirrhose? Die weltweit verfügbaren Statistiken helfen einem verunsicherten Heranwachsenden leider kaum dabei, die für ihn optimale Sucht auszuwählen. Selbst die meisten öffentlichen Suchtberatungen zeigen sich überfordert.

Zu vielfältig und verwirrend sind die Zahlen. Da ist die Rede von 5 Millionen Toten weltweit pro Jahr durchs Aktivrauchen, von 600 000 Todesfällen durchs Passivrauchen und von jährlich bis zu 140 000 Tabakopfern allein in Deutschland. Alkohol soll jedes Jahr weltweit 2,5 Millionen Opfer fordern, davon laut Bundeszentrale für gesundheitliche Aufklärung allein 74 000 in Deutschland. Aber: In den USA mit beinahe viermal so vielen Einwohnern sterben laut der US-Untersuchung »Catalog of risks« nur 56 000 Menschen pro Jahr durchs Trinken – und hier ist sogar das sogenannte Passivsaufen schon eingerechnet, also beispielsweise das Überfahrenwerden durch angeheiterte Automobilisten. Der »Catalog of risks« nennt zudem die Zahl von 10 Minuten Leben, die jede gerauchte Zigarette kostet – verschweigt aber fahrlässigerweise die Zahlen für jedes gebecherte Glas Scotch Whisky, für Red Label und Dead Label. Der Kopf schwirrt einem beim Lesen der vielen Statistiken, und man weiß nur so viel: Das Leben geht – wenn Johnnie Walker kommt.

Geschlechtsspezifische Unterschiede verkomplizieren die persönliche Suchtsuche noch weiter. Ebenfalls laut »Catalog of risks« verliert jeder männliche Raucher 6,2 Lebensjahre, jede Raucherin

dagegen nur 2,2 Jahre. Frauen rauchen also fast dreimal gesünder – eigentlich müssten ihre Camel Filter als Naturheilmedizin von der Krankenkasse bezahlt werden, auch eine steuerliche Abzugsfähigkeit wäre angebracht. Und wie sieht es mit dem Trinken aus? Um wie viel verringert sich die Lebenszeit eines passionierten Rotwein-Verkosters oder einer engagierten Schnapsdrossel pro Glas? Man weiß es leider nicht. Oder will es nicht wissen. Ob es einen Unterschied zwischen Mann und Frau beim Trinken gibt, was die Verminderung der Lebenserwartung angeht, kann daher auch nicht gesagt werden. Der Vergleich zwischen Johnnie Walker und dem Marlboro Man hilft Heranwachsenden, ob männlich oder weiblich, jedenfalls nicht bei der Orientierung: Der schottische Whisky-Mogul John Walker starb mit 51, der berühmte Marlboro Man Wayne McLaren wurde auch nur 52.

Schlussendlich spricht statistisch doch manches fürs Saufen. Andererseits: Wozu hat der Mensch zwei Beine und zwei Lungenflügel (einen davon als Verschleißteil), aber nur eine einzige lausige Leber? Weil Gott, der Herrscher über die Welt und über Marlboro Country, wollte, dass wir rauchen? Die Entscheidung, sie fällt schwer, zwischen rauchen und saufen, zwischen Kippen und kippen. Doch es gibt einen gesunden Kompromiss: Nur trinkende Raucher und rauchende Trinker sehen der Gefahr wirklich unerschrocken ins Auge! Hoch lebe Johnnie »Marlboro Man« Walker!

WARUM KAMPFMIEZEN FURCHT-ERREGENDER SIND ALS KILLERPUDEL

Jeder fünfte Deutsche hat sich schon einmal von einem Hund beißen lassen – das ermittelten die Haustierforscher der Nürnberger Firma GfK (Generationen fürchten Kampfdackel). Dennoch wird das Gefährdungspotential von Killerpudeln, todbringenden Terrorteckeln, zähnefletschenden Zwergschnauzern und mordlüsternen Chihuahuas bei weitem überschätzt. Im statistischen Mittel haben Sie rund doppelt so gute Chancen, vom Blitz erschlagen zu werden (sieben Tote im Jahr in Deutschland), wie vom Hund gefressen zu werden (3,9). Die wahre Gefahr geht nicht vom Hund aus, sondern von der Kampfkatze – und das nicht nur für Mäuse.

Und wir reden hier nicht von bedauerlichen Zwischenfällen wie dem des armen Neuseeländers (nicht Neufundländers!) Peter R., der mit 28 Jahren im Trinkwassernapf seiner Katze ertrank. Er wollte im Freien sein Maustier füttern, rutschte auf Eis aus, stürzte mit dem Kopf voraus in die Wasserschüssel, wurde ohnmächtig und kam im vier Zentimeter tiefen Wasser um. Danach galt: Robinsons Katze hat sieben Leben – er selbst leider gar keines mehr, nach seinem Katzensprung ins Grab.

Doch das sind Ausnahmen. Wahrhaft mörderisch ist eine der fiesesten Allergien, die Katzenallergie. Die Katze verteilt ihre Allergene, die vor allem in Speichel und Hautschuppen vorkommen, zunächst durch unermüdliche Fellpflege hinterhältig auf ihrem gesamten Körper, von da aus auf Polstermöbeln, Wänden und Kleidung – bis sie selbst an Orten zu finden sind, an die kein Katzen-Berger je gerufen wird. Selbst im grönländischen Eis wurden schon Katzenallergene entdeckt. Die atemberaubenden Folgen: feuerrote Augen, zugeschwollene Nase, Nesselsucht, Pusteln, chronische Halsschmerzen, Husten, Keuchen, langfristig Asthma, mit 250 000 Todesfällen weltweit im Jahr. Mi-au!

Abhilfe gibt es keine, denn die Herstellung allergiefreier Katzen ist kläglich gescheitert. Die US-Firma Allerca versprach solche Wundertierchen – lieferte ihren Kunden, die die Katze im Sack gekauft hatten, aber entweder gar keine Viecher oder handelsübliche Allergiemiezen. Fazit: Die Katze lässt das Menschen nicht. Her mit dem Killerpudel!

WARUM FALLSCHIRMSPRINGEN UNGEFÄHRLICH IST, WEIDEZAUN-PINKELN ABER AUCH

Wer sich mit viel Freude in Lebensgefahr begibt, sollte das Fallschirmspringen meiden. Im Jahr 2008 kam es laut Deutschem Fallschirmsport Verband (DFV) bei 289 000 Sprüngen hierzulande lediglich zu zehn Todesfällen. 2009 und 2010 ging die Zahl sogar auf jeweils vier Opfer zurück. Fallschirmspringen gilt mittlerweile als so ungefährlich – viele nennen es schon das Nordic Walking der Lüfte. Wer pro Jahr 40 Sprünge absolviert, braucht statistisch zwischen 722,5 und 1 806,25 Jahren, um durch schlagartige Umwandlung von kinetischer Energie in Deformationsenergie verlässlich sein Leben zu lassen. Da tritt der Tod meist weit vorher auf natürliche Art und Weise ein. Aber auch das berüchtigte Pinkeln auf Weidezäune hilft risikofreudigen Mitmenschen kaum weiter.

Der Deutsche Zaunpinkelsport Verband (DZV) veröffentlicht ärgerlicherweise keine Statistiken, aber Experten halten die gerne kolportierten Geschichten von zu Tode gegrillten Weidezaunpinklern für kaum realistisch. Denn der handelsübliche Weidezaun liefert in der Regel zwar einen kurzen Impuls mit hoher Spannung (»Bauer sucht Au«), aber zu wenig Strom, um tödlich zu wirken. Zudem haben potentielle Selbstdelinquenten zu viele komplexe Details zu beachten. Der Natriumgehalt im Urin muss möglichst hoch sein, um eine zuverlässige Stromleitung zu ermöglichen – eine ungesund salzreiche Ernährung im Vorfeld ist also Pflicht, tötet aber womöglich schon vor dem Pinkeln! Des Weiteren wäre eine regenwassernasse Wiese von Vorteil, die aber auch nicht immer zur Hand ist. Keinesfalls dürfen isolierende Gummistiefel getragen werden! Man müsste sich zudem vorab beim Bauern erkundigen, ob er die zugelassenen 10 kV Spannung auch tatsächlich ausschöpft oder den Agrarschaffenden bei Bedarf kurzfristig um eine entsprechende Spannungserhöhung bitten. Und, ganz wichtig: Nur sehr leistungsfähige Pinkler haben überhaupt Chancen, die Pforten des Paradieses zu erreichen – denn es ist ein durchgehender und möglichst dicker Strahl zu erzeugen. Bei der häufig zu beobachtenden männlichen Tröpfchenbildung dagegen bricht der Stromkreis sofort ab, und es reicht allenfalls zu einem leichten Schlag.

Wer Fallschirmspringen und Pinkeln zu einem originellen Exitus verbinden will, sollte beachten: Das Pinkeln auf Weidezäune vom Fallschirm aus führt mangels Erdung zu keinen brauchbaren Resultaten, zudem fällt das Treffen bei zunehmender Höhe schwer. Denkbar ist dagegen, mit dem Fallschirm auf einer Brücke zu landen und von dort aus auf einen darunter verlaufenden Fahrdraht der Deutschen Bahn AG zu pinkeln. Das Resultat könnte bei Beachtung aller einschlägigen Vorschriften (Fingerdicker Strahl! Nahe rantreten!) mindestens so eindrucksvoll sein wie beim ostfriesischen Dackel Pelle (7), der am Nachbarszaun gegrillt wurde, weil dessen Besitzer den Zaun zum Schutz vor Hund und Katz kurzerhand an die heimatliche 220-Volt-Steckdose angeschlossen hatte. Pelle ist jetzt im Hundehimmel – ein spannungsreicher Abgang!

WARUM NICHT CIUDAD JUÀREZ DIE GEFÄHRLICHSTE STADT DER WELT IST, SONDERN BAD TÖLZ

Von wegen Fiesta Mexicana: Im Mexiko-Städtchen Ciudad Juàrez geht's nicht um Fiesta, sondern um Siesta – und zwar um die ewige. Der Grenzort zu den USA gilt als zweitgefährlichste und zweittödlichste Stadt der Welt, nach Bad Tölz. Im Jahr 2009 kam es in Ciudad Juàrez zu 2657 Morden. 2010 stieg die Opferzahl um weitere 17 Prozent auf 3111, und 2011 soll es mit dem Bruttoletalprodukt nach aktuellen Planungen weiter steil bergauf gehen. Die mexikanischen Behörden bestreiten allerdings die Existenz von Serienmorden im Drogen- und Prostituiertenmilieu. Sie behaupten, dass es sich lediglich um einige tausend Einzelfälle handelt und dass viele Opfer rein aus Versehen ermordet wurden. Und sie wissen vor allem: Alles nur halb so wild in der Mordshitze von Mexiko – denn in Tölz, das nicht von ungefähr die englische Vorsilbe »Bad« trägt, wird noch viel mehr umgebracht!

Dort, im oberbayerischen Ciudad Juàrez, in der Welthauptstadt der Gewalt, ermittelte Hauptkommissar Benno Berghammer zwischen 1995 und 2009 in zahllosen Mordfällen mit gruseligen Namen wie »Tod am Altar«, »Tod auf Tournee«, »Bei Zuschlag Mord«, »Tod in der Brauerei«, »Tod in Dessous«, »Mord im Irrenhaus«, »Der Mistgabelmord« oder »Tod aus dem All«. 2005 kam es dann zum Unfassbaren: »Der Weihnachtsmann ist tot« – den blutrünstigen bajuwarischen Ureinwohnern ist nichts mehr heilig!

Wobei »zahllose Mordfälle« nicht einmal korrekt ist. Denn der Schrecken lässt sich statistisch mit schockierenden Zahlen belegen, die die mexikanische Killerkommune als beschaulichen mittelamerikanischen Luftkurort dastehen lassen, quasi als Bad Ciudad Juàrez.

69 Folgen lang ermittelte Berghammer. Wir gehen von 1,5 Leichen pro Sendung aus, die meisten von ihnen totgejodelt, von Benno Berghammer zerquetscht oder einfach in die Schlucht geworfen. Das macht insgesamt 103,5 Mordopfer. Eine Folge dauert 90 Minuten, das ergibt 103,5 Stunden Gesamtsendezeit. Die Rechnung ist somit bestürzend einfach, denn der Bayer liebt es überschaubar: In Bad Tölz findet der Bulle jede Stunde ein Mordopfer! Das macht 8760 Morde im Jahr, in Schaltjahren noch 24 mehr. Blutiges Bayern! In zwei Jahren ist demnach keiner der 17 635 Tölzer mehr übrig, nur die zuziehenden Preiß'n halten das morbide Kaff am Leben.

Besonders erschütternd: Tölz hat nur 1,3 Prozent der Einwohnerzahl von Ciudad Juàrez – aber 2,8-mal so viele Todesfälle. Das Risiko des Ermordetwerdens ist demnach in Bad Tölz 207,5-mal größer als in Ciudad Juàrez. Also: Auf nach Mexiko – dort jodelt Sie auch keiner tot!

WARUM FLIEGEN GEFÄHRLICH IST – ABER NUR VOM PFERD

Wenn sich Ihr Gatte oder Ihre Gattin heute Morgen mit den Worten »Hase, ich bin dann mal mit dem kommerziellen Starrflügler unterwegs« von Ihnen verabschiedet hat, können Sie völlig unbesorgt sein. Ihr Liebster, Ihre Liebste ist sicher wie in Abrahams Schoß. Denn das Statistische Bundesamt weiß: Laut amtlicher bundesdeutscher Todesfallursachenstatistik ist es im gesamten Jahr 2009 in der Kategorie V95.3 (»Unfall eines kommerziellen Starrflüglers«) zu keinem einzigen Todesfall gekommen. Gefährlich wird es dagegen, wenn Ihnen Ihr Schatz zuruft: »Hase, ich besteige dann mal unser tierbespanntes Fahrzeug.« Denn hier droht der Tod: In Kategorie V80.0 (»Reiter oder Benutzer eines tierbespannten Fahrzeuges durch Sturz oder Abgeworfenwerden von Tier oder tierbespanntem Fahrzeug bei Unfall ohne Zusammenstoß verletzt«) verstarben 2009 neun Männer und sechs Frauen. Richtig gehört: Die Verletzten verstarben – und zwar völlig ohne Zusammenstoß.

Sie sollten beim Unterwegssein mit einem tierbespannten Fahrzeug also idealerweise darauf achten, möglichst zügig einen Zusammenstoß herbeizuführen, denn dies ist vollständig ungefährlich, wenn man Todesfallkategorie V80.4 Glauben schenken darf – und wer möchte an der Seriosität deutscher Statistiker zweifeln? Kategorie V80.4 besagt: Null Todesopfer im Bereich »Reiter oder Benutzer eines tierbespannten Fahrzeuges bei Zusammenstoß mit Personenkraftwagen, Lieferwagen, Lastkraftwagen oder Autobus«. Auch wenn Ihnen als Führer eines tierbespannten Fahrzeugs unerwartet ein umhervagabundierender feststehender Gegenstand entgegenkommt – laut Kategorie V80.8 (»Reiter oder Benutzer eines tierbespannten Fahrzeugs bei Zusammenstoß mit feststehendem Gegen-

stand verletzt«) können Sie unbesorgt sein. Es kommt praktisch nie zu Todesfällen.

Die Bundestodesstatistik bietet in Hunderten solcher Kategorien eine wunderbare Lektüre für Liebhaber morbider Exceltabellen. Diese eignen sich besonders gut als Verhaltensmaßregeln für den Verkehr. Keinerlei Tode ereignen sich beispielsweise unter »von Straßenbahnen getroffenen Straßenbahnbenutzern« (V82.2), bei »Kollisionen von Motorradfahrern mit Fußgänger oder Tier außerhalb des Verkehrs« (V20.0) sowie vermutlich generell bei Zusammenstößen mit feststehenden oder motorisierten Tieren, egal ob innerhalb oder außerhalb des Verkehrs. Maximale Sicherheit haben Sie außerdem, wenn Ihr Schatz nach dem Frühstück erklärt: »Hase, ich schieß mich jetzt mal schnell ins All.« Wer Todeskategorie V95.4 studiert hat, der weiß: null Todesfälle 2009 in Deutschland bei »Unfällen von Raumfahrzeugen mit Insassen«. Selbst Kollisionen von Raumfahrzeugen mit tierbespannten Fahrzeugen oberhalb von 10 000 Metern gelten als völlig ungefährlich.

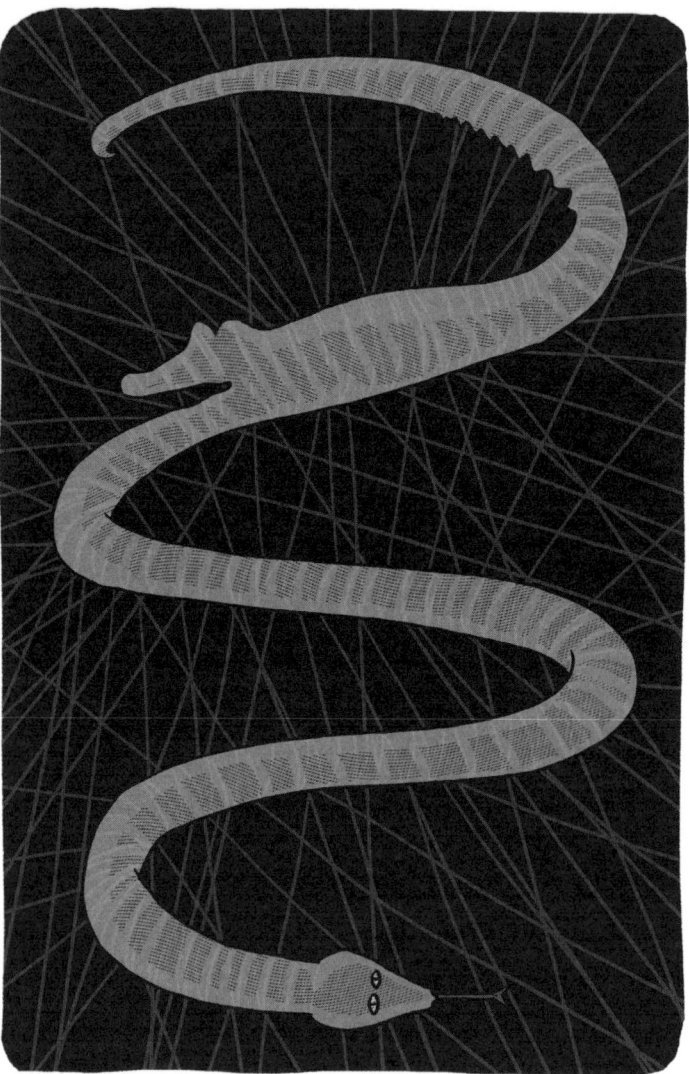

WARUM UNS DAS KROKODIL VERSCHMÄHT, DIE SCHLANGE ABER NICHT

Wer im Rahmen eines Abenteuerurlaubs die nähere Bekanntschaft mit exotischen Reptilien einplant, fragt sich im Vorfeld häufig: Welches Viech will ich ausführlicher kennenlernen, Krokodil oder Schlange? Experten raten in diesem Fall grundsätzlich zum Krokodil. Denn die sympathischen Schnappis haben wenig Lust auf Mensch. Meist sind wir ihnen zu zäh, zu fett, zu mager, zu doof, zu schlau, zu blass, zu braun oder auf sonstige Weise geschmacklich nicht genehm. Die wählerischen Kiefermäuler speisen lieber Ratte, Maus oder Beuteltier. Genau genommen haben sie alles zum Fressen gern, außer uns.

Das Krokodil missachtet den Menschen auf eine Art und Weise, die beinahe schon provozierend wirkt, und frisst lieber Gummistiefel – die schreien und zappeln wenigstens nicht, wenn sich die konischen Zähne von Schnappi durch ihre Oberfläche bohren. In Zahlen: Gerade mal 2000 Menschen im Jahr kommen weltweit in den exklusiven Genuss einer sogenannten Krokogastroskopie und können das Mageninnere eines Krokodils völlig ohne technische Hilfsmittel von innen analysieren, wenn auch in aller Regel nur kurz. Dabei handelt es sich jedoch meist nur um die Rache eines Krokodils für zu Handtaschen und Gürtel verarbeitete Verwandtschaft oder um Notwehr, weil das Opfer Volksmusikant war und im Krokodilsumpf gejodelt hat. Ansonsten droht kaum Gefahr, nach der Begegnung zwischen Mensch und Krokodil wandert der Mensch meist ungeschoren davon. Und bleibt ein ganzer Kerl trotz Schnappi.

Dramatisch gefährlicher ist die Schlange – bis zu 100 000 Todesopfer im Jahr! Und am allergefährlichsten ist der Inlandtaipan, quasi die Schlange unter den Schlangen. Sie gilt als der giftigste Vertreter ihrer Spezies weltweit – das Gift eines einzigen Bisses reicht aus, um 250 erwachsene Menschen, 150 000 Ratten oder 250 000 Mäuse zu töten. Da wird das Krokodil zum vergleichsweise charmanten Pazifisten. Gemessen wird die Giftigkeit übrigens mit dem sogenannten LD50-Wert, der angibt, wie viel Milligramm Gift für das Abtöten von einem Kilogramm Mensch erforderlich ist. Der Inlandtaipan kommt auf konkurrenzlose 0,025 mg pro Kilo, während es bei seinem besten Spezi, dem Küstentaipan, bereits 0,064 mg pro Kilo braucht, um zuverlässig den Tod herbeizuführen. Die Ernährung des Inlandtaipans besteht im Übrigen bevorzugt aus Kleinsäugern. Vor allem Menschen unter 1,70 Meter haben somit als gefährdet zu gelten.

Wenn Sie also kleinwüchsig sind und auf einer Expedition durch Australien plötzlich einer Schlange begegnen, sollten Sie sich daher zügig bei ortsansässigen Sachverständigen erkundigen, ob es sich um einen Inlandtaipan handelt (der hinterhältigerweise auch noch mehrmals im Jahr seine Farbe wechselt) oder um einen vermutlich völlig ungefährlichen Auslandtaipan. Und lassen Sie sich unbedingt den LD50-Ausweis zeigen, den jede Schlange in West Queensland laut gesetzlicher Vorschrift mitzuführen hat. Oder suchen Sie vorsichtshalber nach einem Krokodil.

WARUM MÄNNER VON BÄUMEN FALLEN, FRAUEN ABER NICHT

Die Chance, bei einem Unwetter von einem umstürzenden Baum erschlagen zu werden, beträgt laut Unwettersachverständigen 1 zu 20 Millionen. Lediglich rund vier Menschen in Deutschland ereilt dieses Schicksal also pro Jahr. Damit kann man leben, wie wir finden, außer der Baum fällt auf einen selbst. Harmlos sind Bäume, diese himmelhohen Gewächse des Verderbens, deshalb aber noch lange nicht. Denn die von ihnen ausgehenden Gefahren sind vielfältig: 31 Menschen kletterten 2009 in Deutschland nach Angaben des Statistischen Bundesamtes auf einen Baum, fielen von diesem in die Tiefe wie Tarzan, nur ohne Liane, und blieben tot unter der Gruselpflanze liegen. Besonders interessant: Die Opfer waren, bis auf eine einsame weibliche Baumbesteigerin, ausnahmslos Männer.

Man fragt sich daher: Was treibt den deutschen Mann auf die Palme? Ist er auf der Flucht vor seiner Frau? Sucht er hoch droben die Zwiesprache mit dem Herrn, seinem Schöpfer? Oder ist dort oben schlichtweg der Handyempfang besser? Will er einfach nur in Ruhe eine rauchen, frei nach dem Motto »Auf Palmen sollst du qualmen«? Möchte er in der wipfeligen Abgeschiedenheit nachdenken (»Auf Birnen sollst du hirnen, auf Birken sollst du wirken«)? Oder erfüllt das mysteriöse Baumgeklettere einen rein sportlichen Zweck, und der deutsche Mann denkt sich: »Auf Eschen sollst du preschen, auf Kirschen sollst du pirschen«? Denkbar ist schlussendlich auch, dass er in der Höhe einfach nur ungestört seinen weltlichen Zorn abbauen will: »Auf Buchen sollst du fluchen.«

Wie gesagt, man weiß es nicht, was den Mann auf die Palme bringt, als wäre er Keith Richards höchstpersönlich, der 2006 in einer Hotelanlage auf den Fidschi-Inseln von einer Palme fiel und

deshalb eine Stones-Tournee verschieben musste. Dabei sagen uns doch schon die alten Kinderreime: »Nur Schlichte klettern auf die Fichte.« Und, ebenfalls gern genommen: »Tannen schaffen Pannen, Weiden bringen Leiden.« Frauen sind schlauer. Sie bleiben unten und lassen sich höchstens während eines Unwetters unfreiwillig vom Baum erschlagen. Für die kluge Frau gilt: »Auf keine Mistel steigt die Christel.«

WARUM MAN(N) IM BETT MIT ODER OHNE SEX SEIN LEBEN LASSEN KANN

Wenn der »Mors in coitu«, wie ihn der Lateiner nennt, optimal getimed ist, verstirbt der Mensch auf dem Höhepunkt seines Schaffens. Viele Männer fürchten den Tod beim Geschlechtsakt, manche sehnen ihn aber auch herbei, vor allem, wenn er unverhofft die eigene Ehefrau trifft. Dank der Ergüsse japanischer Mediziner weiß man sogar, wie hoch das Risiko einer finalen K.o.-pulation, eines letzten K.o.-itus tatsächlich ist. Laut einer Studie ereignen sich 0,6 Prozent aller plötzlichen Todesfälle wie Herzinfarkte oder Schlaganfälle im Rahmen der geschlechtlichen Vereinigung. Klingt harmlos, sorgt in absoluten Zahlen aber immerhin für rund 1200 Opfer in Deutschland pro Jahr, wenn man von 200 000 solcher Express-Todesfälle ausgeht.

Besonders interessant: Ein verstorbener österreichischer Pathologe (Lungenkrebs) will ermittelt haben, dass sich 75 Prozent der »Mors in coitu«-Fälle beim außerehelichen Fremdgehen ereignen – ein ungewohnt aufregender Partner und eine fremde Umgebung sorgen für psychische Überlastung und in der Folge zum Hinscheiden beim Bye-Bye-Schlaf. Die Gegenwart des gewohnten Partners wirkt dagegen so beruhigend, dass die Todesrate drastisch niedriger liegt. Übrigens sind vom Sexitus zu 85 Prozent Männer betroffen.

Meist spielen Vorerkrankungen im Herz-Kreislauf-Bereich eine Rolle. »Aus heiterem Himmel stirbt man nicht«, weiß ein Münchner Universitätsarzt. Andere Ärzte meinen: Wer es ohne Infarkt die Treppe hoch ins Schlafzimmer schafft, kommt auch beim Sex nicht um – denn der Akt gilt kreislaufmäßig allenfalls als so belastend wie leichte Haushaltsarbeiten. Auch die Stellung spielt kaum eine Rolle. Eine US-Studie hat ergeben: »Mann oben« führt maximal zu Puls 114, »Mann unten« zu 117. Beides harmlose Werte. Wir lernen: Wer gesund ist, dem bringt Erregen Segen.

Die Überlegung, ob man das Risiko des Fremdgehens in Kauf nehmen sollte, muss unbedingt folgenden Punkt mit einschließen: Allein 2009 sind in Deutschland laut Statistischem Bundesamt 89 Menschen daran gestorben, dass sie zu Hause aus dem Bett gefallen und mausetot auf dem Schlafzimmerboden liegen geblieben sind. Und das völlig ohne Sex! Die Rechnung ist einfach: 1 020 Männer sterben jedes Jahr in Deutschland beim Sex, davon 765 bei außerehelichen Abenteuern. Nun lässt sich durch Verzicht aufs Rauchen das Herzinfarktrisiko auf ein Viertel reduzieren und durch Abspecken auf Normalgewicht nochmals um die Hälfte. Menschen unter 65 erleiden dreimal seltener einen Infarkt als Senioren, und Katzenbesitzer sind laut US-Wissenschaftlern um weitere 30 Prozent seltener von einem Herzkasper betroffen. Das bedeutet: Für junge schlanke katzenbesitzende Nichtraucher und nichtrauchende Katzenbesitzer ist das Fremdgehen womöglich sogar ungefährlicher, als einfach nur im Bett zu liegen, aufs Herausfallen zu warten – und sich dabei den Hals zu brechen. Oder von der eigenen Gattin hinterhältig aus dem Bett in den sicheren Tod geschubst zu werden.

Eine Empfehlung gilt jedenfalls für alle Männer: Legen Sie sich eine Mieze zu – ob auf zwei oder vier Beinen, müssen Sie selbst wissen!

WARUM LEBENSMITTEL TÖDLICH SEIN KÖNNEN, VOR ALLEM, WENN SIE VITAMIN T ENTHALTEN

Wenn es darum geht, möglichst kurzfristig und effizient einen Menschen vom Leben zum Tode zu befördern, der einem wenig sympathisch ist (notfalls auch sich selbst), wird gern zur Schusswaffe gegriffen. 938 solcher Fälle listet das Statistische Bundesamt fürs Jahr 2009 auf, in gefährlich klingenden Todesfallkategorien wie X73.5 (»Vorsätzliche Selbstbeschädigung durch Gewehr, Schrotflinte oder schwerere Feuerwaffe [Schusswaffe] in Gewerbe- und Dienstleistungseinrichtungen«) oder X94.4 (»Tätlicher Angriff mit Gewehr, Schrotflinte oder schwererer Feuerwaffe [Schusswaffe] auf Straßen und Wegen«).

Wenn es eilt mit dem Sterben, ist das Schießeisen an Durchschlagskraft nach wie vor kaum zu übertreffen. Wenn mehr Zeit ist, können aber auch Kartoffeln, Bucheckern, Leinsamen oder die Muskatnuss durchaus weiterhelfen. Denn viele Lebensmittel sind so tödlich, dass Experten bereits die Einführung eines Küchenwaffenscheins fordern. Motto: »Leichen schaffen ohne Waffen.« Dazu muss man wissen, dass Essen ohnehin mordsgefährlich ist: Jede 100 Kalorien, die wir täglich mehr zu uns nehmen, verkürzen unsere Lebenserwartung um sieben Monate.

Aber es gibt Lebensmittel, die noch effektiver töten. Bereits fünf bis sechs rohe grüne Bohnen können das Ende bedeuten, weil das darin enthaltene Gift Phasin zu letalen Magenblutungen führt. Schon zwei Muskatnüsse lösen Halluzinationen aus und töten in der Regel zuverlässig. Ein Übermaß an rohen Kartoffeln führt zu Bewusstlosigkeit, gern auch für immer. Rohe Bucheckern enthalten das giftige Fagin. Zu viel Lakritze bringt Bluthochdruckpatienten an den Rand des Exitus und gern auch darüber hinaus. Die rohe Schale des Killer-Leinsamens setzt Blausäure frei, und eine Überdosis Rhododendronhonig lässt den Atem stocken, bis er nicht mehr messbar ist. Am schlimmsten sind die gefürchteten Vitamine: Zu viel Vitamin C führt zu Nierensteinen, Vitamin A zu schwerem Erbrechen, und Vitamin K ruiniert die Leber langfristig effektiver als jeder schwarzgebrannte Russenwodka. Sie alle gehören zur Familie des tödlichen Vitamins T.

Wenn Ihr Schatz zu Hause auf Rohkost schwört und Ihnen biologisches Bucheckern-Leinsamen-Frikassee an Muskatnuss androht, sollten Sie daher höllisch vorsichtig sein und dringend Ihre Beziehung auf den Prüfstand stellen. Gleiches gilt bei der Aufforderung: »Schatzi, vergiss dein Pfund Vitaminpillen nicht!« Weil die Küchenkriminalität sprunghaft ansteigt, will übrigens auch das Fernsehen reagieren und völlig neue Krimiformate wie »Lafer, Lichter, letal«, »Der perfekte Promi Leichenschmaus«, »Der Kalte«, »Die Stulle von Tölz«, »Tatort Küche«, »Raw & Order«, »SOKOcht Leipzig«, »Die Braten von San Francisco« oder »Ein Fall für Ei« ins Programm nehmen.

WARUM UNGEWASCHENE HÄNDE NOCH TÖDLICHER SIND ALS ZWEI LINKE HÄNDE

Eine der ältesten Legenden, die durchs Internet vagabundiert, besagt: Linkshänder leben durchschnittlich neun Jahre kürzer als Rechtshänder. Der Blick auf eine Liste prominenter Linkshänder bestätigt diese erschreckende These: Mahatma Gandhi, Marilyn Monroe, Napoleon Bonaparte, Gaius Julius Cäsar, Sir Peter Ustinov, Albert Einstein, Albert Schweitzer, Marie Curie, Isaac Newton – alle tot! Wie höllengefährlich das Leben mit Rechtshandbrotschneidemaschinen und Rechtshandkorkenziehern tatsächlich ist, weiß niemand. Aber fest steht: Der Linkshänder geht mit einem schweren Handicap durchs Leben. Und wenn er sogar zwei linke Hände hat, tendieren die langfristigen Überlebenschancen ins Minimale.

Wie man hört, kommen jährlich weltweit 2500 Linkshänder durch den Gebrauch von Rechtshändergeräten wie Sensen, Bohrmaschinen, Winkelschleifern, Spargelschälern, Fischmessern und womöglich auch rechtsdrehendem Joghurt um. Das bedrohlichste Mordwerkzeug ist laut inoffiziellen Statistiken die Motorsäge. Das Internet-Lexikon Wikipedia warnt ausdrücklich: »Es gibt keine Modelle für Linkshänder!« Bei den Motorsägen soll der Blutzoll durch linkischen Gebrauch so hoch sein, dass Hollywood schon eine Verfilmung des »Linkshänderkettensägenmassakers« plant. Motorsensen gibt es dagegen für Linkshänder – für rund 650 Euro, doppelt so teuer wie Rechtshändermodelle. Hier muss der Linkshänder seine Linkshändergeldbörse (mit dem Hartgeldfach auf der linken Seite) auch noch besonders weit öffnen, um im Garten wenigstens gewisse Überlebenschancen zu haben, sonst droht dem Sensenmann der Sensenmann. Viele Linkshänder werden auch von verkehrt herum geworfenen Rechtshänderbumerangs erschlagen. Und für alle Betroffenen gilt das tragische Motto: Vom Schicksal gelinkt!

Die Probleme beginnen bereits im Kleinen, beim Fischmesser. Der Linkshänder kann mit dem rechtsgeschliffenen Rechtshändermesser keinen Fisch filetieren, muss zum Provisorium mit zwei Gabeln greifen, übersieht Gräten, erstickt noch vor dem Nachtisch und verdirbt dem Rest der Gesellschaft durch sein Hinscheiden den Appetit. Doch man muss sagen: Es gibt noch Schlimmeres und Lebensgefährlicheres als linke Hände – nämlich ungewaschene Hände! Jedes Jahr sterben in Krankenhäusern weltweit Zehntausende von Menschen durch den am einfachsten zu vermeidenden Behandlungsfehler: ungewaschene Hände! Leider führt die Weltgesundheitsorganisation WHO keine Statistiken über linkshändige Chirurgen mit ungewaschenen Händen. Man vermutet aber, dass sie jedes Jahr mit Rechtshänderknochensägen ganze Volksstämme auslöschen – und sich gleich mit.

WARUM FLIEGEN IMMER NOCH GEFÄHRLICH IST – ABER NUR, WENN SIE AM BODEN BLEIBEN

Kein Zweifel: Der Bus ist gefährlicher als der Airbus. 275 Todesfälle listet das Statistische Bundesamt für 2009 in Zusammenhang mit der Benutzung von Bussen auf, und dabei ist die populäre Todesfallkategorie Y65.3 (»Falsch plazierter Endotrachealtubus während der Anästhesie«) noch nicht einmal mitgerechnet. Dagegen ereigneten sich in Kategorie V95.9 (»Nicht näher bezeichneter Luftfahrzeugunfall mit Verletzung von Insassen«) lediglich 15 Todesfälle. Und die potentiellen Kandidaten von Kategorie V96.8 (»Unfälle sonstiger Luftfahrzeuge ohne Kraftantrieb mit Verletzung von Benutzern«) kamen gar vollständig ungeschoren davon.

Verkehrsforscher haben ermittelt: Wer in den USA mit dem Auto von Küste zu Küste fährt, muss mit einem Todesfallrisiko von 1 zu 14 000 rechnen und sollte daher mögliche Bestattungskosten von vornherein in seine Spesenplanung einkalkulieren. Wer fliegt, geht dagegen nur ein Risiko von 1 zu 11 Millionen ein – beim Fliegen stirbt es sich somit 785-mal seltener. Oder anders ausgedrückt: Alle 588 000 Flugstunden stürzt ein Flugzeug ab. Sie müssten also rund 67 Jahre lang ununterbrochen um die Welt jetten, um auch wirklich aktiv einem Absturz beizuwohnen. Höchstwahrscheinlich würde Ihnen aber schon weit vorher das Kerosin zur Neige gehen, und es würde zum »Unfall eines nicht näher bezeichneten Luftfahrzeuges ohne Kraftantrieb mit Verletzung von Insassen« (V96.9) kommen. In jedem Fall lässt sich mit Flug und Recht behaupten, dass es sich bei Luftfahrzeugen in Sachen Gefahrenpotential um eher harmlose Verkehrsteilnehmer handelt.

Und trotzdem ist das Fliegen mordsgefährlich – aber nur, wenn

Sie am Boden bleiben! Laut einer Studie der Universität Cambridge sterben jährlich rund 10 000 Menschen aufgrund von eingeatmeten toxischen Stoffen, die von Flugzeugen abgesondert werden. Dagegen kamen 2010 weltweit im zivilen Luftverkehr nur 829 Menschen ums Leben. Das wahre Gefahrenpotential der Luftfahrt, so scheint es, besteht im sogenannten Passivfliegen.

WARUM SIE SICH VOR SCHIESSEISEN IN ACHT NEHMEN MÜSSEN, VOR KEKSEN ABER AUCH

Vor einer Pistolenkugel fürchten sich viele Menschen, vor einem Butterkeks dagegen nur wenige. Doch das ist falsch und irrational. Rund 350 Menschen verlieren jährlich in Deutschland durch Schusswaffen ihr Leben, Selbstmorde nicht eingerechnet. Für die deutsche Butterkeksindustrie liegen zwar derzeit noch keine Zahlen vor – doch allein in Großbritannien kommt es jedes Jahr zu rund 400 gefährlichen Unfällen beim Keksgenuss. Und an Sylvester 2010/2011 sind in Japan sechs Japaner an Reiskeksen erstickt, den traditionellen Mochis. Weitere 18 mussten wegen schwerer Keksverletzungen hospitalisiert werden, fünf davon in kritischem Zustand. Die Brösel des Bösen sind überall!

Vor allem in Großbritannien muss man offenbar nicht lange suchen, wenn man ein Plätzchen zum Sterben sucht. Dort gilt der Keks längst als die Fischgräte des kleinen Mannes, der sich rücksichtslos lungenabwärts in die Luftröhre fräst. Die todbringendsten Gräten finden sich offenbar im Goldfischli und in der Prinzenscholle. Als die Königliche Gesellschaft zur Verhütung von Unfällen die schlimme Zahl von 400 Kekskatastrophen im Jahr bekannt gab, gründete sich flugs das »British Biscuit Advisory Board (BBAB)«, das britische Keksberatungszentrum, das seither im Internet unter bbab.org.uk sowie auf Facebook und YouTube unermüdlich vor den Gefahren von Pechkeksen und Löffel-Abgeb-Biscuits warnt. Denn auch wenn der Engländer seine Kekse zärtlich »Cookies« nennt – vom Kucken kann bei den Keksopfern oft keine Rede mehr sein, denn im Sarg ist es finster.

Unter den Warnhinweisen finden sich Tipps wie »Biscuits in

bed, bad night ahead« (Deutsch in etwa: »Kekse im Bett, dein Grab wird adrett«) oder »Biscuits in one, equals no fun« (»Wer Kekse gern am Stück verschlingt, bald schon nicht mehr lacht und singt«). Zudem werden Zertifikate für erfolgreich absolvierte Kekssicherheitslehrgänge ausgestellt.

Mag sein, dass die Betreiber des BBAB ihre Mission nicht ganz ernst meinen. Doch die vom Keks ausgehende Gefahr ist nicht zu unterschätzen, ist sie nicht? Nicht von ungefähr hat der traditionelle Butterkeks beinahe so viele Zähne wie der Haifisch, nämlich 48. Und der laut Statistik gefährlichste britische Keks, der Custard Cream, ein Doppelkeks mit Vanillecremefüllung, ist in Deutschland kaum zu haben, wohl aus Sicherheitsgründen. Also: Haben Sie keine Angst vor Schießgewehren! Viel gefährlicher wird's, wenn Ihnen jemand droht: »Hände hoch, oder ich brösle!«

WARUM SIE WEDER RAUMFLÜGE NOCH PELZIGE MONSTER FÜRCHTEN MÜSSEN

Wer in den liebevoll aufbereiteten Todesfallursachenstatistiken des Statistischen Bundesamtes schmökert, dieser Exceltabelle des Todes, erhält den Eindruck: Gevatter Hein lauert an jeder Ecke lüstern auf seine Opfer. Schon die Menschen im Mittelalter wussten schließlich: »Freund Hain läßt sich abwenden nit mit Gewalt, mit Güt, mit Treu und Bitt.« Doch trotz 886 376 Sterblichkeitsfällen 2009 ist dies nur die halbe Wahrheit. Denn die Statistik beweist auch: Es gibt immer noch Bereiche, in denen die Überlebenschancen erstaunlich hoch sind. Hunderte Kategorien schwächeln deutlich, verzeichnen nicht einen einzigen Todesfall und haben ihren Namen daher nicht verdient.

Dies beginnt schon am Anfang, bei V01.0: »Fußgänger bei Zusammenstoß mit Fahrrad verletzt: Unfall außerhalb des Verkehrs«. Diese Weichei-Kategorie brachte es 2009 zu keiner einzigen Leiche. Außerhalb des Verkehrs können Sie sich daher mit Ihrem Fahrrad völlig gefahrlos bewegen. Gleiches gilt für »Nicht näher bezeichnete Benutzer eines dreirädrigen Kraftfahrzeuges bei Zusammenstoß mit Personenkraftwagen oder Lieferwagen bei Verkehrsunfall« (V33.9). Fahrer von Dreirädern, egal ob alt oder jung, leben im Verkehr also erstaunlich ungefährlich, zumindest so lange, wie sie nicht näher bezeichnet sind. Greifen Sie hurtig zum Wagenheber – sobald Ihr Auto ein Rad abhat und als Dreiradler unterwegs ist, kann Ihnen nichts mehr passieren!

Gleiches gilt, wenn Sie sich gerne direkt unter Flugzeugen aufhalten, etwa im Sommer, weil der Schatten so angenehm kühlt. Keine einzige Person am Boden kam 2009 bei einem Luftverkehrs-

unfall ums Leben (V97.3). Die Angst vor herabstürzenden Flugzeugtüren wird überschätzt. Auch ein »Unfall eines Raumfahrzeuges mit Verletzung von Insassen« (V95.4), die verstorben wären, ereignete sich 2009 in Deutschland nicht. Selbst die Benutzung eines »Rasenmähers mit Kraftantrieb an nicht näher bezeichnetem Ort des Ereignisses« (W28.9) ist komplett unbedenklich. Nur in Ihrem Garten wird's gefährlich. Und schließlich können wir Ihnen noch das »Gebissen- oder Gestoßenwerden von anderen Säugetieren in Gewerbe- und Dienstleistungseinrichtungen« als komplett unbedenklich ans Herz legen. Seien Sie also völlig unbesorgt, wenn Sie das Meerschweinchen des Grauens in einer Zoohandlung anfällt – das kleine pelzige Monstrum will nur spielen!

WARUM PASSIVRAUCHEN TÖTET, PASSIVARBEITEN WAHRSCHEINLICH ABER AUCH

Mindestens 100 000 Deutsche sterben jedes Jahr an den Folgen des Rauchens. Doch es gibt einen weiteren verheerenden Killer, der die Volksgesundheit massiv bedroht und der bisher trotz aller Bemühungen diverser Bundesregierungen nur sehr unzureichend eingedämmt werden konnte – das Arbeiten. 975 000 Arbeitsunfälle wurden 2009 in Deutschland registriert. 622 Menschen fielen der finsteren Bedrohung namens Arbeit zum Opfer und starben im Dienst. Der Mörder ist immer der Chef.

Zwar kam es in Deutschland nicht zu so dramatischen Unfällen wie in China, wo einem Fischhändler ein armlanger Aal in den After kroch – der Mann musste in einer Notoperation gerettet werden. In den USA fiel ein Arbeiter in einen Behälter mit flüssiger Schokolade und starb einen kalorienreichen Tod. Doch die meisten Arbeitsunfälle sind eher unspektakulär. Menschen rammen sich Brieföffner in die Pulsadern, oder sie amputieren sich mit Tackern weite Teile ihres Zeigefingers. Nur selten wird jemand von der explodierenden Gaspatrone seines Bürostuhls Richtung Decke geschossen, wo er auf Nimmerwiedersehen in einem Klimatisierungsschacht verschwindet – ein durchaus unterhaltsames Ereignis, das die firmeninterne Kommunikation auf Jahre hinaus belebt.

Arbeiten gilt mittlerweile als so ungesund, dass die EU in Brüssel über ein europaweites Verbot nachdenkt. Weil die Durchsetzung dieser Maßnahme Jahre dauern kann, soll zunächst einmal jegliche Werbung für Arbeit untersagt werden. Zudem ist die Abgabe von Jobs an Jugendliche bereits ab 2016 verboten. Daneben sollen an allen Arbeitsplätzen gut lesbare Warnhinweise aufgestellt werden.

Textvorschläge: »Ihr Arzt oder Apotheker kann Ihnen dabei helfen, das Arbeiten aufzugeben«, »Arbeit macht sehr schnell abhängig: Fangen Sie gar nicht erst an!« oder »Arbeiten kann zu Durchblutungsstörungen führen und verursacht Impotenz«.

Noch völlig unerforscht sind die gesundheitlichen Folgen des sogenannten Passivarbeitens. Untersuchungen an deutschen Beamten laufen aber bereits.

WARUM FLIEGEN GEFÄHRLICHER IST ALS RADFAHREN, ABER NUR IN AFRIKA

Dass Fliegen vor allem für diejenigen bedrohlich ist, die am Boden bleiben, haben wir bereits erwähnt. Insgesamt gilt das Reisen mit dem Flugzeug als so ungefährlich, ja beinahe fad, dass es viele schon das Ponystreicheln der Lüfte nennen. Dennoch muss man relativieren: Wie aufregend und lebhaft (zumindest bis zum Aufschlag am Boden) ein Flug verläuft, hängt natürlich stark davon ab, welcher sympathischen Luftverkehrsgesellschaft Sie Ihr Leben anvertrauen. Beispielsweise bei der »Destiny Air Travel«, der Schicksalsfluglinie aus Sierra Leone, bei den »Fly Sich Airlines« aus der Ukraine (unter Connaisseuren auch als »Fly Sick Airlines« bekannt und geschätzt) oder bei der »Secure Air Travel« aus dem Kongo kommt es in aller Regel zu spürbar spannenderen Flugreisen, als Sie es von der Lufthansa gewohnt sein mögen. Hier gilt noch die gute alte Regel aus der Pionierzeit des Fliegens: »Es dauert nur einen Triebwerksschaden von der Luft in die Gruft.« Und aus dem Reklamespruch »You love the way we fly« wird ein prickelndes »We love the way you die«.

Wer den Titel »Gefährlichste Fluglinie der Welt« führen darf, gilt bei den Betreibern der freundlichen kleinen Katastrophenwebsite airdisaster.com als umstritten. Stark im Rennen (f)liegt eine brasilianische Gesellschaft, wir wollen sie »Zuckerhut Airlines« nennen, die es 1979, 1984, 1986, 1990, 1996 und 1997 mit ihren fliegenden Särgen zu einer ansehnlichen Serie von Abstürzen brachte, danach aber erheblich nachließ, bis sie 2007 spektakulär in die Bestenliste zurückkehrte, als sich einer ihrer Airbusse in ein Bürogebäude in São Paulo bohrte. Auch Fidel Castros staatliche Fluglinie wird gern genannt – acht Abstürze mit 404 Toten bei nur 320 000 Flügen sind

Weltrekord und qualifizieren den Revolutionsführer nicht wirklich zum Máximo Luftverkehrslíder. Zum Vergleich: Die Lufthansa wickelt 830 000 Flüge im Jahr ab, und mit nur sieben Abstürzen und 152 Toten seit 1955 gilt bei ihr das Reisen als so spannungsarm wie eine Kaffeefahrt mit Hansi Hinterseer, allerdings mit angenehmerer Geräuschkulisse.

Fluglinien wie »Mutomba Airways« oder »Dimbi Wira Airways«, die »Grufthansas« des Schwarzen Kontinents, sorgen dafür, dass Fliegen in Afrika 15-mal riskanter ist als in Europa oder den USA. Wenn Sie sich fragen, ob Sie künftig lieber ins Büro radeln oder doch eher den Flieger nehmen sollten, gibt es exakte Zahlen als Orientierungshilfe: Jeder Deutsche radelt durchschnittlich 300 Kilometer im Jahr – das macht 24,6 Milliarden Kilometer, auf denen es 2009 zu 378 tödlichen Unfällen kam. Das heißt: Kaum radeln Sie 65 Millionen Kilometer, sind Sie auch schon tot, rein statistisch. Beim Fliegen mit den bekannten westlichen Fluglinien sterben Sie erst nach 96 Millionen Kilometern – mit afrikanischen Airlines dagegen bereits nach 6,4 Millionen Kilometern. Also: Fliegen Sie ruhig ins Büro – aber nur mit der Lufthansa, niemals mit »Destiny Air Travel«!

WARUM SACKHÜPFEN UND PALÄSTINENSERAUFSTÄNDE AUF DER REISE NACH JERUSALEM KINDERGEBURTSTAGE SO GEFÄHRLICH MACHEN

Der Tod hat viele Gesichter – und am vielfältigsten zeigt er seine hässliche Fratze in der Zeitschrift »Sicher zuhause & unterwegs« der Aktion »Das sichere Haus«. Die in Hamburg erscheinende Todesursachen-Bravo klärt viermal jährlich darüber auf, dass der Sensenmann an jeder Ecke lauert und dass jedes Menschenleben binnen Sekunden zu Ende gehen kann, egal ob durch das exzessive Tragen von High Heels im Winter (stürz!), durch implodierende Körnerkissen unter der Bettdecke (brenn!) oder durch elektrisch mangelhaft abgesicherte Plastik-Marienaltare aus taiwanesischer Produktion (schock!). Die größte Todesgefahr, zumindest außerhalb von Abbottabad, droht aber bei Kindergeburtstagen. Wer sich Kinder zum Kindergeburtstag nach Hause einlädt, muss laut »Sicher zuhause & unterwegs« mit der Ankunft einer wahren Topfschlag-Al-Qaida, einer Wurstschnapp-RAF rechnen.

In einer grausigen Geschichte schildert das Magazin des Schreckens, wo überall sich der Tod bei einem Kindergeburtstag nach blutjungem Fleisch sehnt. Ein Kind, wir wollen es Tiffany nennen, stürzt sich aus dem unverriegelten Fenster im dritten Stock. Der kleine Racker Pascal zertrümmert den Glastisch im Wohnzimmer, öffnet sich an den Glasscherben die Pulsadern und verstirbt unter erheblichem Blutverlust. Natalies Rabeneltern haben ihr keine rutschfesten Hausschühchen mitgegeben, sie rutscht beim Toben auf dem spiegelglatten und zudem blutverschmierten Parkett aus, bricht sich das Genick, wird zum dritten Opfer der kurz zuvor noch so heiteren Fete. Fine fackelt sich ihr blondes Haar an den Geburts-

tagskerzen auf der Torte ab, zieht sich tödliche Verbrennungen zu. Nils kommt beim Sturz aus dem Hochbett um, Kati exekutiert sich an einer nicht gesicherten Steckdose. Nadja vergiftet sich mit den Digitalis-Herztabletten von Geburtstagskind Almas Papa. Emma erstickt an einem achtlos auf den Boden geworfenen Luftballonrest. Röchel!

Am Ende ist die kleine Alma wieder allein. Es ist still geworden in ihrer Wohnung, alle Kindersärge sind abtransportiert, und »Sicher zuhause & unterwegs« hat es leider versäumt, vor weiteren Todesgefahren beim Kindergeburtstag zu warnen. In Pommes lauert Acrylamid, beim Eierlaufen drohen Salmonellen und Dioxin, und die Sackhüpf-Jutesäcke enthalten hohe Dosen des Pflanzengifts Hexachlorbenzol, das einem von Digitalis-Herztabletten angegriffenen Kinderkörper endgültig den Rest gibt. Vor der Reise nach Jerusalem kann wegen der Gefahr von Palästinenseraufständen auch nur gewarnt werden, vom Kinderreim »Ene mene mopel, wer isst gerne Popel?« ganz zu schweigen. Mediziner sprechen in diesem Fall von Mukophagie. Mehr über todbringende Popel-Inhaltsstoffe lesen Sie ganz sicher demnächst in »Sicher zuhause & unterwegs«.

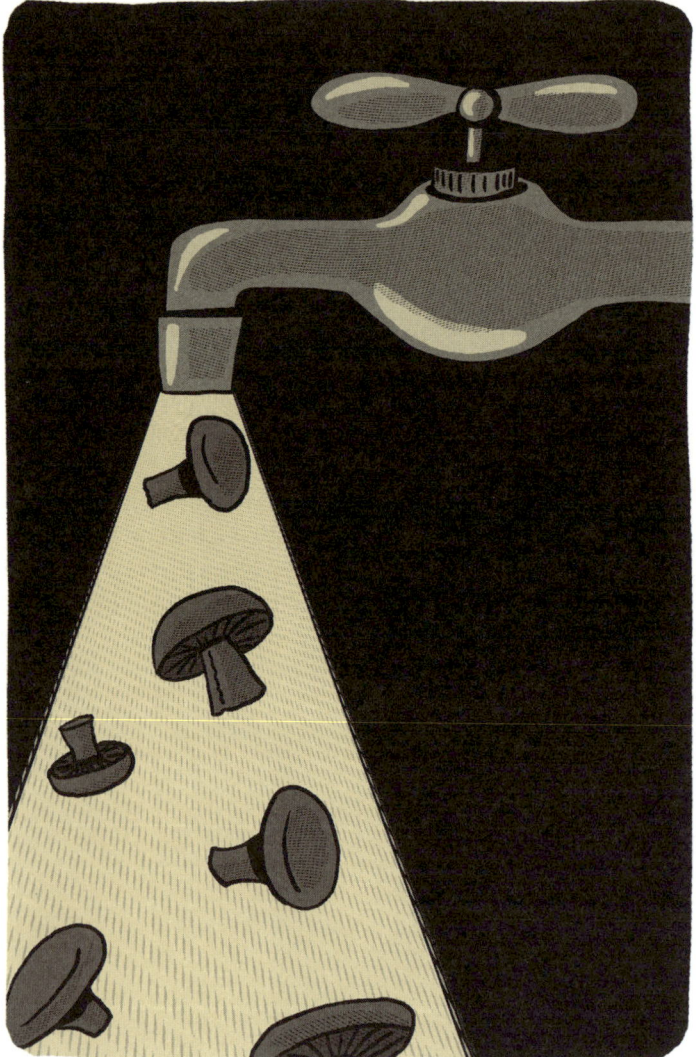

WARUM SIE VOR LEITUNGSWASSER MINDESTENS SO VIEL ANGST HABEN MÜSSEN WIE VOR GIFTPILZEN

Die Gefahr einer tödlichen Pilzvergiftung wird gemeinhin überschätzt. Nur zwei bis drei Menschen versterben in Deutschland jährlich am Fleischroten Giftschirmling, am Schöngelben Klumpfuß oder am Ockerscheidigen Eierwulstling. Da keine gesetzliche Meldepflicht besteht, können es auch mal mehr sein – über zehn Pilztote pro Jahr halten aber selbst erfahrene Knollenblätterpilzfreunde, denen ihr Pilzgericht erst nach dem vierten Aufwärmen so richtig schmeckt, für kaum realistisch. Das Pils ist meist gefährlicher als der Pilz.

Wer in deutschen Wäldern nach unheilbringenden Giftpilzen stöbert, hat es ohnehin nicht leicht. Von über 5 000 europäischen Großpilzen sind gerade mal rund 150 Arten giftig, die zudem schlecht ausgeschildert sind. Wenn Förster oder andere Waldschaffende sorgfältiger auf Leckereien wie Kegeligen Saftling, Mistliebenden Kahlkopf, Satansröhrling, Speitäubling oder Keulenfüßigen Trichterling hinweisen würden, hätte man es erheblich leichter, der Frau Schwiegermama bisweilen eine schmackhafte Pilzpfanne zu servieren, gerne auch mehrmals aufgewärmt.

Doch es gibt eine kostengünstige und vor allem überall verfügbare Alternative zum Gemeinen Kartoffelbovist. Denn der Tod wartet in der Wasserleitung! Immer häufiger ist vom Symptom der sogenannten Wasservergiftung zu lesen, der Menschen nach übermäßigem Wassergenuss zum Opfer fallen. Der Pop-Art-Künstler Andy Warhol soll an solch einer Hyperhydration gestorben sein. Und die US-Amerikanerin Jennifer S. kam 2007 ums Leben, nachdem sie im Rahmen des Radio-Wettbewerbs »Hold Your Wee for a

Wii« (»Ohne Pipi für eine Wii«) innerhalb weniger Stunden sieben Liter Wasser trank, um für ihre Kinder eine Nintendo-Spielkonsole zu gewinnen. Der Toilettenbesuch war dabei nicht gestattet.

Der Körper reagiert auf so eine innere Überflutung spektakulär – die Salzkonzentration in den Zellen verringert sich dramatisch, es kommt zu Herzrhythmusstörungen, die Nieren produzieren keinen Urin mehr, im Hirngewebe sammelt sich Wasser an, was alles in allem am Ende zu einem tödlichen Lungenödem führt. Ein Münchner Sportmediziner erklärte dem SWR: »Bei einem mittelgroßen Marathon von 10 000 Läufern kommt es bei einem Drittel, also 3000 Leuten, zu messbaren Störungen durch zu viel Wasser. Bei 50 davon kommt es sogar zu lebensbedrohlichen Veränderungen.« Man könnte fast meinen: Wenn Menschen an Pilzvergiftungen sterben – dann muss es am vielen Wasser liegen, mit dem die Schwammerl gewaschen wurden.

WARUM PUDEL KRAFTVOLLER ZUBEISSEN ALS MONSTER-INSEKTEN

Dem Arthropleura begegnet man eher ungern. Der mitten in deutschen Wäldern ansässige größte Tausendfüßer der Welt ist zwei Meter lang und reißt Beutetiere von der Größe eines Rehs, unschuldige puschelige kleine Knopfaugen-Bambis. Ein echtes Arschlochtier. Sein größter Vorteil: Er ist seit 300 Millionen Jahren tot. Arthropleuras aktuelle Tausendfüßer-Nachfahren werden höchstens noch handliche 30 Zentimeter lang, und man fügt ihnen viel Unrecht zu. Jeder fürchtet sich vor Tausendfüßern, dabei hat das Tausendfüßer-Dezernat des Statistischen Bundesamtes festgestellt: 2009 verstarb in Deutschland nur ein einziger Mann in Todesfallkategorie X24.8: »Kontakt mit Hundertfüßern oder giftigen Tausendfüßern (tropisch) an sonstigen näher bezeichneten Orten«.

Selbst die Zahl der Beinchen wird weitaus übertrieben – der aktuelle Weltrekordhalter Illacme plenipes bringt es auf kaum mehr als 750 Füße. Der Riesenkugler aus Madagaskar rollt sich bei Gefahr zusammen, dann sind sogar überhaupt keine Füßchen mehr zu erkennen. Er sieht dann lecker aus wie eine Orange. Reinbeißen sollten Sie zwar nicht, der eine oder andere Tausendfüßer kann nämlich Blausäure verspritzen, die zum Erblinden führt oder zu Schlimmerem, siehe Kategorie X24.8. Insgesamt wird die vom Tausendfüßer (ohne »l«!) ausgehende Gefahr aber völlig überschätzt. Der Tod kommt nicht auf tausend Füßen, sondern nur auf vier.

Wahre Monsterpudel und Todesdackel, weiß die Zeitschrift »Sicher zuhause & unterwegs« der Aktion »Das sichere Haus«, die wir hier bereits erwähnt haben, fallen unter deutschen Dächern über unsere Kinder her. »Dass ein Kampfhund eine tödliche Gefahr für Kinder sein kann, wissen viele Eltern. Aber der eigene Dackel …?«, warnt das Blatt. Eine vereidigte Münchner Hundesachverständige schlägt daher Alarm: »Das Weinen eines Babys ist nicht unähnlich den Lauten einiger Beutetiere. Es kann bei einem Hund Jagdverhalten auslösen.« Dass es nur äußerst selten zu Todesfällen kommt, ist nur dem guten Rat der Hundeflüsterin zu verdanken: Bei Bedarf »sollten Hund und Kind durch einen Zimmerkäfig oder ein Trenngitter physisch getrennt werden«. Experten wissen: Wenn der Käfig des Kindes in bunten Farben angemalt wird, fühlt es sich darin in aller Regel auch bei beengten Platzverhältnissen recht wohl.

Der Hund ist das Problem, nicht das Insekt. Im Gegenteil – die kleinen Krabbler müssen Angst vor uns haben. Fachleute wissen, dass jeder Mensch im Laufe seines Lebens rund acht Spinnen verputzt, die ihm im Schlaf in Mund oder Nase kriechen. Bisweilen dürfte auch ein Tausendfüßer dabei sein. Nur der Arthropleura gilt als schwer verdaulich.

WARUM SICH MENSCHEN MANCHMAL SPONTAN SELBST ENTZÜNDEN

Der menschliche Körper ist ein sensibles Konstrukt und funktioniert nur in einem ganz bestimmten Temperaturbereich ordnungsgemäß. Ist ihm zu warm, erleidet er einen Hitzschlag, stellt den Betrieb ein und droht hinzuscheiden. Ist ihm zu kühl, erfriert er, das Endresultat ist identisch. Erfrieren kommt häufiger vor. Weltweit erfrieren rund doppelt so viele Menschen, wie an den Folgen von Hitze sterben. In Deutschland zählte die Temperaturkommission des Statistischen Bundesamtes im Jahr 2009 nur vier Hitzetote, wobei Kreislaufprobleme wohl nicht galten – aber 133 Kältetote in Kategorien wie X31.5: »Exposition gegenüber übermäßiger natürlicher Kälte in Gewerbe- und Dienstleistungseinrichtungen«. Nicht ausgewertet haben die sonst so emsigen Statistiker den spektakulärsten Tod aufgrund von Überhitzungsproblemen, die spontane menschliche Selbstentzündung. Hier versagt das Statistische Bundesamt schmählich und erweist sich als Statisches Bundesamt.

Spezialisten für dieses Phänomen, das sich im englischen Original »Spontaneous human combustion« (SHC) nennt, wissen aber: In den letzten 300 Jahren soll es weltweit zu rund 200 Todesfällen durch SHC gekommen sein – Grund zur Massenpanik besteht also vorläufig nicht, interessant ist das Thema aber allemal. Bei der spontanen menschlichen Selbstentzündung geht der Körper ohne erkennbaren Grund von innen in Flammen auf. Und niemand weiß, warum, nicht einmal die Popgruppe Rosenstolz, die das Phänomen bereits 2006 in ihrem Lied »Ich geh in Flammen auf« würdigte.

Mancher vermutet eine zu hohe Alkoholkonzentration im Körperinneren als Ursache – doch Justus von Liebig erforschte bereits 1850, dass ein Mensch längst an einer Alkoholvergiftung gestorben ist, bevor er den nötigen Promillepegel erreicht, um spontan in Flammen aufzugehen. Als weitere Ursachen werden Kugelblitze, Funkenschläge interzellulärer Mikroströme, die hitzige Meditationsform Kundalini, geomagnetische Interferenzen sowie bislang unbekannte subatomare Teilchen namens »Pyrotone« (Feuerteilchen) vermutet. Auch der sogenannte Dochteffekt ist im Gespräch. Dabei setzt eine offene Flamme, beispielsweise von einer Zigarette, Haare oder Kleidung in Brand, das Fettgewebe unterhalb der Haut verflüssigt sich in immer tieferen Körperregionen, bis der Mensch von innen heraus brennt wie eine Fackel.

Auch der Einfluss von volkstümlichen Liedern wie »Meine Liebe geht durchs Feuer« oder »Deandl, Du weckst des Feuer in mir« auf die spontane menschliche Selbstentzündung ist bisher ungeklärt. Falls Ihnen warm wird, erreichen Sie die Stadtfeuerwehr Kitzbühel jedenfalls rund um die Uhr unter der 00 43 / 53 56-6 23 35.

WARUM SIE IHREN HERZINFARKT VON SONNTAG AUF MONTAG VERSCHIEBEN SOLLTEN

Wenn Sie sich beim Sterben nicht einsam fühlen wollen, können wir Ihnen den Montag sehr ans Herz legen. Zahlreiche Studien haben ergeben: Montags treten die meisten Herzinfarkte auf, montags sterben die Leute besonders eifrig. Allerdings komischerweise nur, wenn der Montag ein ganz normaler Arbeitstag ist. An montäglichen Feiertagen wie dem Ostermontag, dem Pfingstmontag oder dem blauen Montag stirbt kaum wer – die Herzinfarktrate ist hier laut ungarischen Wissenschaftlern identisch mit der von Samstagen und Sonntagen. An normalen Montagen steigt sie gegenüber dem Wochendurchschnitt dagegen um rund 20 Prozent.

Das mag am unerquicklichen Wiedersehen mit den Kollegen liegen oder auch am Fernsehprogramm. Am Sonntagabend läuft der Tatort und danach neuerdings Jauch, das schaut man sich gerne noch an, bevor man Abschied nimmt. Am Montagabend läuft dagegen nur Beckmann, da lohnt sich das Überleben nicht. Von Dienstag bis Freitag bleibt die Herzinfarktrate dann relativ stabil, außer bei jungen Frauen, die auffallend häufig am Mittwochabend verscheiden, womöglich mental zerrüttet nach dem neuesten Christine-Neubauer-Eventmovie im Ersten. Am Wochenende erreicht die Herzinfarktrate dann ihren Tiefpunkt, außer bei Anhängern des krisengeschüttelten FC Bayern.

Bei der erstaunlich stabilen Volksgesundheit am Wochenende handelt es sich um eine natürliche Schutzreaktion des menschlichen Körpers. Nähere Untersuchungen haben nämlich ergeben: Wer am Wochenende kurzfristig per Notarztwagen oder Rettungshubschrauber das Spital aufsuchen muss, hat aufgrund der weitgehen-

den Abwesenheit qualifizierten Personals rund 13 Prozent geringere Überlebenschancen als unter der Woche. Es spricht also vieles für den Herzinfarkt am Montag, wenn die Ärzte mit frischen Kräften aus dem Wochenende zurückgekehrt sind. Aber bitte erst nach Plasberg, rechtzeitig vor Beckmann.

WARUM MÜCKEN DEUTLICH KLEINER SIND ALS ELEFANTEN, ABER VIEL GEFÄHRLICHER

Dumbo ist böse. Weltweit werden jedes Jahr rund 500 Menschen von rasenden und nachtragenden Elefanten niedergetrampelt, davon rund 300 allein in Indien. Viele nennen den mordlustigen Benjamin Blümchen bereits Jack The Rüssel. Der Mensch revanchiert sich ausführlich, indem er jährlich die zehnfache Zahl abschlachtet – was aber nichts daran ändert, dass der Elefant nach Auswertungen Rüsselsheimer Statistiker sowie der EU-Kommission in Rüssel als sechstgefährlichstes Tier der Welt gilt. Das gefährlichste Tier ist wider Erwarten nicht die würgende Kongo-Wasserkobra oder gar die toxische Schnabelseeschlange, sondern die gute alte Stechmücke.

Zwei bis drei Millionen Menschen sterben jährlich an ihrem Stich, der Krankheiten wie Malaria, Gelbfieber oder Dengue-Fieber überträgt – und das nicht nur in Afrika und Asien, sondern auch in Skandinavien und Teilen Russlands, wo der Blutsauger das Sindbis-Virus weitergibt. Die Mücke (oder besser gesagt, die Mückin, denn genau wie beim Menschen saugen nur die Weibchen Blut) ist im besten Falle lästig, im schlimmsten Fall todbringend. Wer nachts von surrenden Moskitos um den Verstand gebracht wird, mag sich häufig denken: Dreckviecher! Dann lieber eine Herde Elefanten in meinem Schlafzimmer!

Hier ist allerdings genau abzuwägen. Mit bis zu fünf Tonnen wiegt ein Elefant so viel wie 2,5 Milliarden Mücken zu je zwei Milligramm. Das bedeutet: Er wäre nachts im Schlafzimmer voraussichtlich einfacher zu finden als eine Mücke an der weißen Wand. Mit einer Zeitung ließe er sich allerdings kaum totschlagen, Sie müssten schon eine ausgewachsene Heidelberger-Druckmaschine zur Hand haben. Ob »Törööööö« nachts angenehmer klingt als »Surrrrrrrrr«, ist überdies eine Frage des persönlichen Geschmacks. Zudem sollten Sie wissen, dass eine Mücke pro Portion Blut bis zum dreifachen ihres Körpergewichts saugt. Man möchte gar nicht daran denken, wie leblos man sich vorkommt, wenn einem ein Elefant 15 Tonnen Blut abzapft, und wie unangenehm sich ein Rüssel anfühlt, der sich in die Arterie bohrt. Somit spricht trotz aller Gefährlichkeit viel für den traditionellen Moskito im nächtlichen Schlafzimmer. Wir empfehlen den Mut zur Mücke! Machen Sie die Mücke nicht zum Elefanten!

WARUM DROGEN NICHT ZU EMPFEHLEN SIND, GRILLABENDE ABER AUCH NICHT

Wenn ein guter Freund Sie auf ein Naserl Koks, ein Spritzerl Heroin oder auf ein Triperl LSD einlädt, gehen wir selbstverständlich davon aus, dass Sie das Angebot empört ablehnen. Keine Macht den Drogen! Wenn Ihr Kumpel Ihnen dagegen einen zünftigen Grillabend vorschlägt, mit Spareribs, Cevapcici, glasierten Fleischfackeln, Cowboy-Steaks, mariniertem Schweinebauch, Hammelhacksteaks und zypriotischem Schweinefilet (idealerweise alles auf einmal), sagen Sie selbstverständlich begeistert zu.

Aus gesundheitlichen Gründen sollten Sie Ihr Verhalten allerdings nochmals überdenken – womöglich hat es Ihr guter Freund auf Ihre Frau abgesehen und will Sie zügig um die Ecke bringen. Denn medizinisch spricht manches fürs Koksen und wenig fürs Holzkohlegrillen. In Zahlen: 1237 Menschen sind 2010 in Deutschland an illegalen Drogen gestorben, das sind drastisch weniger als beispielsweise in Todesfallkategorie W19.9 des Statistischen Bundesamtes: »Nicht näher bezeichneter Sturz an nicht näher bezeichnetem Ort des Ereignisses«. Von den insgesamt 886 376 Todesfällen, zu denen es 2009 in Deutschland kam, lassen sich dagegen nach Einschätzung von Wissenschaftlern bis zu zwei Drittel auf falsche Ernährung zurückführen. Das bedeutet: Rund 585 008 Menschen starben am Essen – und viele davon garantiert an zypriotischem Schweinefilet auf Holzkohle.

Der Grill des Grauens hat viele Gesichter: Bis zu 4000 Grillunfälle ereignen sich jedes Jahr in Deutschland, 400 bis 500 enden mit schwersten Verbrennungen, wenn der Grill mit Brandbeschleunigern wie Spiritus oder Benzin angefackelt wird. Aber auch Terpentin

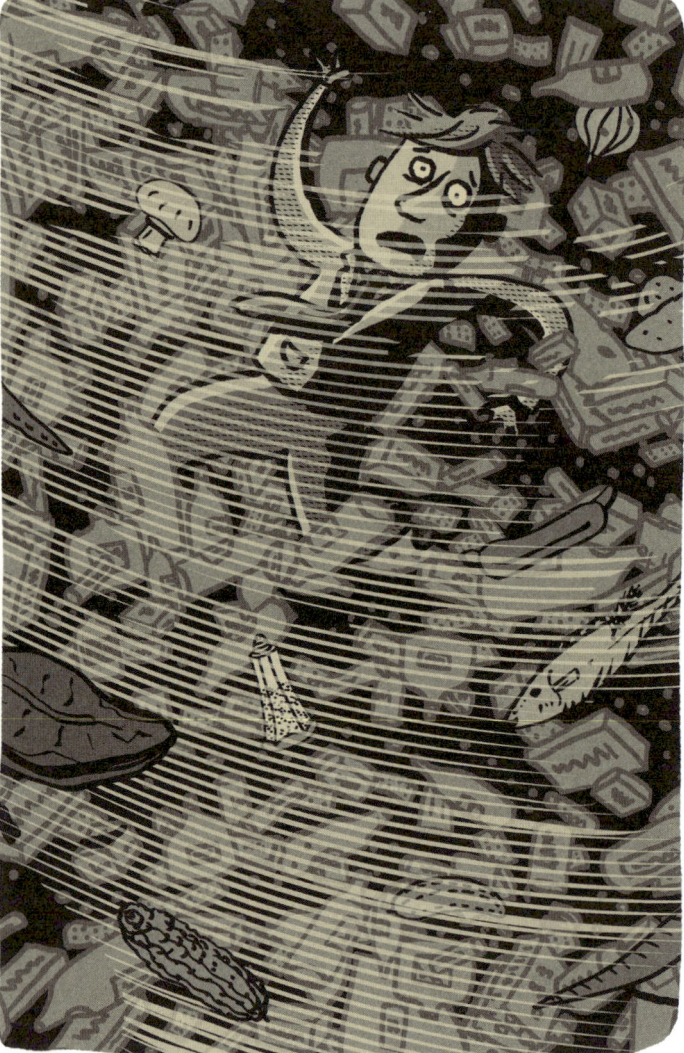

wird gern genommen, falls man ein Großfeuer auslösen will. Daneben drohen mörderische Bakterien, gerade wenn Geflügel nicht ausreichend durchgegart wird. Haben Sie gewusst, dass Lebensmittelvergiftungen in Deutschland häufiger auftreten als Erkältungen? Wenn Fett und Wasser sich erfolgreich mit der Glut vereinen, entsteht zudem ätzender Rauch, der mit dem Lungenkrebsauslöser Benzpyren geschwängert ist – ein Kilo Grillfleisch kann die Benzpyren-Menge von 600 Zigaretten enthalten! Gepökeltes Fleisch bildet auf dem Grill überdies krebserregende Nitrosamine – und das viele Bier, das zum Grillen gehört wie der Spiritus zur Stichflamme, gibt Ihnen körperlich final den Rest. Die Kohlenmonoxidvergiftung, die man sich gern zuzieht, wenn man nachts den Grill ins Wohnzimmer stellt (wegen der heimeligen Restwärme), ist dann zum Sterben beinahe nicht mehr nötig.

Ein schöner Nebeneffekt: Mit dem Benzpyren aus dem Grillrauch ruinieren Sie auch noch erfolgreich die Gesundheit Ihrer verhassten Nachbarn. Die genaueren Folgen des Passivgrillens sind allerdings noch weitgehend unerforscht. Es wird Zeit für eine neue Aufklärungskampagne: Keine Macht der Bratwurst!

WARUM FACEBOOK MEHR MENSCHEN-LEBEN FORDERT ALS UMFALLENDE GETRÄNKEAUTOMATEN

Die wundersame Welt moderner Technik hat dem Menschen ganz neue Möglichkeiten beschert, sein Leben spektakulär zu beschließen. Noch vor 100 Jahren kam kaum jemand durch das verzweifelte Rütteln an Cola-Automaten zu Tode, und noch vor zehn Jahren gab es keinerlei von Facebook verursachte Todesfälle. Genau genommen gab es noch nicht einmal Facebook. Heute bringt die englischsprachige Internetsuche nach »Facebook«, »Beziehungsstatus« und »Mord« 3,9 Millionen Ergebnisse, und die Nutzung des sozialen Schwätzwerks birgt multiple Todesgefahren.

Exakte Statistiken über den Facebook-Blutzoll liegen noch

nicht vor, doch vor allem die Angabe des »Beziehungsstatus« scheint riskanter zu sein als das Baden mit dem Weißen Hai. Ein Engländer wurde zu 18 Jahren Haft verurteilt, weil er seine Frau erstach, nachdem sie ihren Status von »Verheiratet« auf »Single« geändert hatte. Ähnliches widerfuhr einer 62-jährigen Amerikanerin, die sich auf Facebook als »Verlobt« outete – allerdings nicht mit ihrem langjährigen Freund. Anders als sein englischer Kollege entschied dieser sich fürs Erschießen. Ein weiterer Engländer erschlug mit dem Hammer seine Exfrau, die ihm im sozialen Hetzwerk öffentlich vorgeworfen hatte, seine Alimente nicht zu bezahlen. Sicherheitshalber schnitt er ihr anschließend auch noch die Kehle durch. Ein Mann aus der Karibik jettete gar extra nach London, um seine Freundin, die er auf einem Facebook-Foto mit einem anderen Mann gesehen hatte, mit 20 Messerstichen quasi aus dem Diesseits auszuloggen – und somit auf den finalen »Gefällt mir nicht«-Button zu drücken.

Und so weiter, und so tot. Das Facebook-Morden boomt, und für Nachschub ist gesorgt: Laut britischer Anwälte stecken mittlerweile hinter 80 Prozent der Scheidungen im Königreich Facebook-Flirts. Langfristig wird somit eine traditionellere Machart des Hinscheidens durch Hightech-Geräte kaum mithalten können. Mindestens zwei bis drei US-Amerikaner sterben jährlich, weil sie von Verkaufsautomaten erschlagen werden, an denen sie frustriert gerüttelt hatten. Das Problem: Der Schwerpunkt der oft 450 Kilo wiegenden Automaten liegt enorm hoch. Es genügen Neigungswinkel um die 20 Prozent, um sie umstürzen zu lassen. Der Käufer bleibt in der Regel geplättet zurück. Doch es müssen nicht unbedingt Getränkeautomaten sein. 2008 starben drei Japaner, die eine Maschine zur Fußmassage für die Schultermassage zweckentfremdet haben und erdrosselt wurden.

Fazit: Es kann viele Gründe geben, wenn sich der Beziehungsstatus auf Facebook in »verwitwet« ändert.

WARUM MÄNNER SELTSAMER STERBEN ALS FRAUEN

Wer die Todesliste des Statistischen Bundesamtes studiert, kommt darauf: Männer sind dööfer, als man denkt. Es ist nämlich so: Die Sterblichkeitssachbearbeiter aus Berlin listen für jede Todesart sorgfältig auf, ob Mann oder Frau vom jeweiligen Hinscheiden betroffen ist. Und dabei fällt auf: Frauen sterben eher natürlich, Männer eher unnatürlich. Von den 31 832 unnatürlichen Todesfällen, zu denen es 2009 in Deutschland kam, entfielen knapp 62 Prozent auf Männer. Und dabei hat sich der deutsche Mann auf wunderliche Todesarten spezialisiert, an die die kluge Frau nicht einmal im Traum denken würde.

Der deutsche Mann ist beispielsweise nicht dafür geschaffen, auf zwei Rädern durch die Weltgeschichte zu gondeln. Von den 72 Todesopfern in Kategorie V18.4 (»Benutzer eines Fahrrades bei Transportmittelunfall ohne Zusammenstoß«) waren 62 Männer. In Kategorie V19.9 (»Benutzer eines Fahrrades bei nicht näher bezeichnetem Verkehrsunfall«) kamen 34 Männer ums Leben, aber nur 11 Frauen. Hier könnten womöglich gesetzlich vorgeschriebene Stützräder für fahrradfahrende Männer helfen.

Auch von Leitern fallen überwiegend Männer – 37 Todesopfer 2009 an »nicht näher bezeichneten Orten des Ereignisses« (W11.9), aber lediglich drei Frauen. Weitere Auffälligkeiten in Kurzform: Männer sterben bei »Unfällen durch Eingeklemmtwerden, Eingequetschtwerden, Eingezwängtwerden oder Hängenbleiben zwischen Gegenständen« (Geschlechterverhältnis 16 zu 0). Männer verscheiden bei »Unfällen durch geworfenen, geschleuderten oder fallenden Gegenstand« (35 zu 2), durch »Ertrinken und Untergehen in natürlichem Gewässer« (71 zu 20) sowie durch »Kontakt mit

Hornissen, Wespen oder Bienen« (14 zu 2). Und sie fallen »Lawinen, Erdrutschen oder anderen Erdoberflächenbewegungen« zum Opfer (6 zu 0).

Der Mann, er sucht die Gefahr – und findet den Tod. Man könnte an sich selbst verzweifeln, so als Mann. Kein Wunder, dass sich 115 Männer im Jahr 2009 dafür entschieden haben, dem Elend durch eine Teilnahme an Todesfallkategorie X72.0 ein Ende zu setzen, der »Vorsätzlichen Selbstbeschädigung durch Handfeuerwaffe, zu Hause« – aber nur drei Frauen.

WARUM ZUHAUSEBLEIBEN LEBENS-BEDROHLICHER IST ALS AUTOFAHREN

Wer seine schützende Wohnung verlässt und ein rasend schnelles Automobil besteigt, hat häufig das Gefühl: Hoffentlich passiert mir nichts, hoffentlich komme ich gesund am Zielort an. Denn wenn sich ein Mensch mit Motorkraft auf 100 Stundenkilometer oder gar mehr katapultiert und wenn andere Menschen um ihn herum auch noch das Gleiche tun, ist das zweifellos höllisch gefährlich. Was allerdings die wenigsten wissen: Zuhausebleiben ist noch viel gefährlicher! Denn deutsche Autobahnen sind im Vergleich zu deutschen Wohnzimmern die reinsten Kuschelecken. 3657 Menschen fanden 2010 in Deutschland im Straßenverkehr den Tod, rund 6 000 (die genaue Auszählung dauerte bei Redaktionsschluss wegen der hohen Opferzahl noch an) bei Haushaltsunfällen. Wenn Sie zu den ängstlicheren Menschen gehören und dieses Buch gerade noch entspannt daheim im Lehnstuhl lesen, können wir Ihnen nur raten: Verlassen Sie sofort das Haus, steigen Sie in Ihr Auto, und beschleunigen Sie mindestens auf Tempo 270, sonst passiert Ihnen noch was!

Das Verderben lauert in Häusern und Wohnungen mehr oder weniger auf Schritt und Tritt. 766 Menschen fielen 2009 in Deutschland zu Hause von Treppen und waren tot, 83 stürzten mit demselben Ergebnis von Leitern, 221 verstarben durch Ausgleiten, Stolpern oder Straucheln. Zwei Menschen fielen gar einem häuslichen Unfall »mit Messer, Schwert oder Dolch« zum Opfer, in der dazugehörigen Todesfallkategorie W26.9. Das Zuhausebleiben gilt mittlerweile als so gefährlich, dass der ADAC Verkehrssicherheitskampagnen wie »Fuß runter vom Gas!« auch auf den häuslichen Bereich ausdehnen will.

Die Ursachen von Haushaltsunfällen sind dabei durchaus mit

dem Straßenverkehr vergleichbar. Gefürchtet sind beispielsweise das Aquaplaning auf frisch gewienerten Badezimmerfliesen, Glatteis in der Nähe von Gefrierfächern, überhöhte Schleudergeschwindigkeiten von Waschmaschinen, zu dichtes Auffahren von Mahlzeiten sowie der Sekundenschlaf am Wischmob, bei dem der Unterkiefer unkontrolliert auf den Besenstiel aufprallt, dessen Spitze sich dann in die Luftröhre bohrt, was zügig zum Erstickungstod führt.

Die Unvernunft vieler Hausbewohner trägt das Ihrige bei zur blutigen Bilanz. Häufig wird immer noch beim Abbiegen vom Flur in die Küche nicht geblinkt, man wagt sich auf Bürostühle ohne ordnungsgemäße Winterbereifung, oder es wird gar auf der falschen Fahrbahnseite geputzt. Die Radiodurchsage »Zwischen Diele und Wohnzimmer kommt Ihnen ein Geisterputzer entgegen« erfolgt in der Regel viel zu spät, um einen Zusammenprall noch zu verhindern. Die Folgen sind meist verheerend, vor allem, wenn der TÜV-Termin von Schaufel und Besen seit Jahren abgelaufen ist!

WARUM SIE SICH ZU GUTER LETZT WEDER VOR SCHWERELOSIGKEIT NOCH VOR VIBRATIONEN FÜRCHTEN MÜSSEN

Zu guter Letzt wollen wir Ihnen noch zwei sympathische Todesfallkategorien ans Herz legen, in denen es im Jahr 2009 in
Deutschland zu keinerlei Opfern kam, was aller Voraussicht nach
auch für 2010 galt. Weder in Kategorie W43 des Statistischen Bundesamtes, der »Exposition gegenüber Vibration«, noch in Kategorie
X52, dem »Längeren Aufenthalt in Schwerelosigkeit«, ereigneten
sich Todesfälle. Selbst bedrohlich klingende Unterkategorien wie
W43.2 (»Exposition gegenüber Vibration in Schulen und sonstigen
öffentlichen Bauten«) oder X52.0 (»Längerer Aufenthalt in Schwerelosigkeit zu Hause«) blieben vollständig folgenlos.

Natürlich fragt man sich bei der Lektüre der bundesamtlichen
Todesliste: Wie geht das, das Sterben an Vibrationen oder an Schwerelosigkeit? Worauf muss man achten, um nicht doch versehentlich
in die Fänge von W43 oder gar X52 zu geraten? Antwort: Man bleibt
ratlos. Beim Vibrieren denkt man natürlich sofort an Presslufthamm-
mer-Bernhard, den idealen Kandidaten für W43.4, der »Exposition
gegenüber Vibration auf Straßen und Wegen«. Oder an Lena Meyer-
Landruts Grand-Prix-Heuler »Shaken By A Stranger«, der zwar
schlimm war, aber längst nicht tödlich. Oder an den Vibrator – doch
er zählt zu einer völlig anderen Todesfallkategorie, nämlich der
T980, »Folgen der Auswirkungen von Fremdkörpern in natürlichen
Körperöffnungen«, der 2009 immerhin ein Mensch zum Opfer fiel,
und zwar ein Mann, was doch sehr irritiert.

Es muss wohl ungelöst bleiben, das Rätsel der tödlichen Vibrationen. Höchstwahrscheinlich hatten die Beach Boys tatsächlich

recht, die das Vibrieren bereits 1966 in ihrem Song »Good Vibrations« für vollständig harmlos erklärten. Und ähnlich verhält es sich wohl auch mit dem längeren Aufenthalt in Schwerelosigkeit. Es spricht also aus gesundheitlichen Gründen rein gar nichts dagegen, dass Sie auch in Zukunft hemmungslos vibrieren oder sich dem Genuss der Schwerelosigkeit hingeben. Schweben Sie über den Dingen!

Und so findet das Buch der unglaublichen Todesursachen ein versöhnliches Ende. Wobei man ohnehin sagen muss: Nur 1,08 Prozent der Deutschen wurden dem Statistischen Bundesamt 2009 als verstorben gemeldet, trotz Mordserien in Bad Tölz, trotz der Brösel des Bösen und trotz der Besteigung todbringender Mordwände von skandinavischen Stühlen. Ihre Überlebenschancen, lieber Leser, stehen somit prächtig. Aber lassen Sie sich nicht von Tiroler Musikanten durchschütteln – sonst erfindet das Statistische Bundesamt für Sie noch Todesfallkategorie W 43.10, die »Exposition gegenüber Vibration beim Anhören von volkstümlicher Musik«.

Unser gesamtes lieferbares Programm und
viele andere Informationen finden Sie unter
www.sanssouci-verlag.de

1 2 3 4 5 15 14 13 12 11

ISBN 978-3-8363-0294-4
© Sanssouci im Carl Hanser Verlag, München 2011
Alle Rechte vorbehalten
Einbandgestaltung: Birgit Schweitzer, München,
unter Verwendung eines Motivs von Oliver Weiss
Satz im Verlag
Druck und Bindung: Tlačiarne BB, spol. s.r.o.
Printed in Slovak Republic